赵玉明广播电视史学思想研究

燕频◎著

中国国际广播出版社

图书在版编目（CIP）数据

赵玉明广播电视史学思想研究 /燕频著.—北京：中国国际广播出版社，
2021.12

ISBN 978-7-5078-4948-6

Ⅰ.① 赵… Ⅱ.① 燕… Ⅲ.① 广播事业－新闻事业史－研究－中国
② 电视史－研究－中国 Ⅳ.①G229.29

中国版本图书馆CIP数据核字（2021）第139189号

赵玉明广播电视史学思想研究

著　者	燕　频
责任编辑	尹春雪
校　对	张　娜
版式设计	邢秀娟
封面设计	赵冰波

出版发行	中国国际广播出版社有限公司 ［010-89508207（传真）］
社　址	北京市丰台区榴乡路88号石榴中心2号楼1701
	邮编：100079
印　刷	天津市新科印刷有限公司

开　本	710×1000　1/16
字　数	180千字
印　张	13.75
版　次	2021 年 12 月 北京第一版
印　次	2021 年 12 月 第一次印刷
定　价	48.00 元

序

非常欣喜燕频的《赵玉明广播电视史学思想研究》一书问世。这是一部研究赵玉明老师广播电视史学思想的专著，是燕频在其博士论文的基础上进行修改完善、精心打磨的成果。这部书的出版，让赵玉明老师的广播电视史学思想得到广泛传播，使更多人了解赵老师的思想和治学精神，让赵老师走进更多人的视野。赵玉明老师因病于2020年8月30日去世，在赵老师去世一年后，这部书的出版应该是对他非常重要和非常特别的纪念。

赵玉明老师于1936年出生，1959年毕业于中国人民大学新闻系，同年9月到北京广播学院（现中国传媒大学）工作，主要从事中国广播电视史的教学和研究工作。60多年来，赵老师在广播电视史学领域辛勤耕耘，从未停歇，为中国广播电视史的教学和研究工作做出了重要贡献，填补了很多空白和薄弱之处，成绩斐然，著作等身，使悄然无声的中国广播电视史成了一门显学，中国广播电视史学成为广播电视领域主要的理论之一，在国内外都有很大影响。赵玉明老师成就了中国的广播电视史，他也成为这个领域的著名专家学者。要研究赵老师的广播电视史学思想，意味着要对他60多年来的教学和研究工作进行一次全面、系统、深入的梳理、归纳和总结。这是一项重要的工程、扛鼎工程。这项研究使中国广播电视史学的研究上了一个高度，对今后中国广播电视史的研究、挖掘、传承都具有重要的理论价值和现实意义。

关于研究赵玉明学术思想的想法，在我内心深处由来已久。2014年《赵玉明文集》（三卷本）由中国广播影视出版社出版，共收入赵老师的著作、文章等262篇，140余万字。《赵玉明文集》的出版，是研究赵玉明学术思想的重要基础和依据，这是个重要契机。

恰在这时，燕频也面临博士论文选题问题。燕频是2012年考入中国传媒大学广播电视学广播电视史方向的博士研究生。刚一入学就参加了我主持的教育部课题"当代中国广播电视史"项目，承担其中第一章、第三章的写作任务，并在较短时间内完稿。她做事认真、稳重踏实、虚心好学，给我留下很深的印象。2014年春，在与燕频商量毕业论文选题时，就定下了这个题目。

另外，以往中国广播电视史对广播电视人物的研究不少，但大都是对已故人物的研究，特别是作为博士论文专题研究健在的广播电视人物还是第一次。2014年，与燕频初步定下选题后，我去与赵老师交流想法。赵老师同意并支持这项研究。我想，赵老师之所以同意，是因为他看到了这项研究不仅仅是对一个人的学术思想探究，更是对中国广播电视发展从一个新的视角进行考察。赵老师是20世纪50年代毕业的大学生。研究赵老师，就是对那个时代、那一代人的整体记忆。赵老师是那个时代、那一代人的杰出代表，从他身上我们看到他们那一代人爱国、有理想、有信仰、有抱负，以及在教学科研上孜孜不倦的追求、认真严谨的态度和学术风骨。

研究健在的广播电视人物既有优势，也有难度。优势是可以通过采访当事人，从研究对象方面得到最直接的材料，挖掘出许多生动鲜活的史料。难度是涉及对研究对象思想能否准确把握，特别是如何评价等问题。对此，燕频也有一定的思想准备。她下了很多功夫，做了很多功课，除了仔细研读《赵玉明文集》外，同时研读了赵老师出版的其他成果，采访赵老师十多次，每次采访都做好录音和笔记。2018年，燕频博士论文写好后，专程送给了赵老师。据燕频说："赵老师曾反复强调，他作为研究对象，只提供史实，只对史实负责，对于其广播电视史学思想的提炼和评价，是作者应该做的事情。所以，在对赵老师广播电视史学思想的评价上，赵老师保持了极大的宽容，不加干涉。"从燕频这段话里，可以看出赵老师严肃做人、认真做事的态度和原则。赵老师对学术上的宽容态度让燕频放开了手脚，完成了这部著作。

燕频以对赵玉明广播电视史学研究的主要领域和代表性著作的分析评述为基础，结合时代发展和整个广播电视史学的发展脉络和趋势，对其广播电视史学研究领域、史学思想、思想渊源和影响进行系统研究，力求在实事求是的基础上总结赵玉明的广播电视史学贡献，并在时代变迁中凸显赵玉明广播电视史学思想的价值。

在研究方法上，燕频也做了大胆的尝试。坚持将"思想放回到具体历史情境中考察"，根据研究对象的特点，创造性地运用历史语境主义观点和方法，将研究对象放在具体的历史语境中进行考察。正如燕频自己所言：为避免研究对象孤悬于时代之上，写作中注意将相关文字及具体史实皆视为"文本"，将其所发生的特定时代背景视作"语境"，不仅研读文本的内容，亦注重文本所在的历史语境，以及文本与语境的互动。

本书是一部中国广播电视史的人物研究专著，但从大的方面来看，也是对中国广播电视史学发展的脉络、路径以及理论和实践的整体观照和展示，是对中国广播电视史学研究进行审视的重要成果。燕频作为青年学者，在中国新闻史、中国广播电视史的教学和研究上取得了这样的成果，是值得肯定和鼓励的。希望她在今后的学术研究中给历史留下更多有价值的成果。

哈艳秋

2021 年 10 月于中国传媒大学

主要内容

　　赵玉明是我国新闻史方面的研究大家,主要从事中国广播电视史方面的教学和研究,著作等身。他的广播电视史学思想丰富而系统,对学术和实践均有启示意义。本书以赵玉明广播电视史学研究的主要领域和代表性著作的分析评述为基础,结合时代发展和整个广播电视史学的发展脉络与趋势,对其广播电视史学研究领域、史学思想、思想渊源和影响进行系统研究,力求在实事求是的基础上总结赵玉明的广播电视史学贡献,并在时代变迁中凸显赵玉明史学思想的价值。

　　本书由绪论、正文和结语三部分组成。绪论交代了本书的研究动机、研究方法和研究框架,提出了"为什么研究"、"研究什么"及"如何研究"的问题,并对有关文献进行了梳理。正文分为五章。

　　第一章对赵玉明的广播电视史学研究的主要领域和贡献给予梳理和评价,充分结合当时的时代特点和学界研究成果,阐释赵玉明广播电视史学的独特价值。

　　第二章是本书的中心,回答赵玉明广播电视史学思想"是什么样"的问题。在其所处的时代背景下,从唯物史观下的广播电视发生史、纵横结合的专业史分期主张、"论从史出"的史学研究实证性原则、"学术争鸣推动史学繁荣"的史学发展观这四个方面考察赵玉明广播电视史学思想的主要内容，反映赵玉明广播电视史学思想的价值与意义。

第三章聚焦赵玉明广播电视史学研究方法。赵玉明在广播电视史学研究过程中逐渐形成了一套行之有效的搜集史料、考证史料、有计划逐步开展研究的治史方法，亦已成为其可贵的思想资源。

第四章回答赵玉明广播电视史学思想"何以如此"的问题，即从教育、家庭和师友的影响三个方面探究其思想形成理路，强调解读赵玉明的广播电视史学思想，不应只关注某单一要素，而应予以综合考虑。

第五章从历史语境主义的视角，确定赵玉明广播电视史学思想的历史传承。就思想的系统、理性而言，赵玉明是中国广播电视史学史上的一座高峰。

本书最后结语部分，就赵玉明广播电视史学思想的价值和启示，做一客观评价与思考。

关键词： 赵玉明　广播电视史学　唯物史观　历史分期　论从史出

目　录

绪　论

　　本书是关于赵玉明广播电视史学思想的研究。赵玉明是我国新闻教育家①，中国广播电视史学的主要开创者和奠基人之一。②1959年大学毕业后到北京广播学院（以下简称"广院"，今中国传媒大学）任教，曾任新闻系副主任、主任，副院长等职务。1992年起领取国务院颁发的政府特殊津贴。

　　赵玉明从教近60年，主要从事中国广播电视史、中国新闻史教学研究工作。代表著作有《中国广播电视通史》（主编兼主要撰稿人）、《中国现代广播简史》及《赵玉明文集》（三卷本）等。主持完成多项国家社会科学基金，教育部、国家广播电视总局的科研项目。所著（含参与编著）的教材、专著、论文和主编的广播电视工具书曾在教育部（国家教委）、国家广播电视总局（广播电视部）和中国广播电视学会（中国广播电视协会）③等主办的有关论著评选中多次获奖。

---

① 童兵，陈绚.新闻传播学大辞典［M］.北京：中国大百科全书出版社，2014：1013.
② 吴廷俊.中国新闻传播史（1978—2008）［M］.上海：复旦大学出版社，2011.
③ 中国广播电视学会是1986年10月在北京成立的全国性广播电视学术团体。2004年，经国家广播电影电视总局和民政部批准，正式更名为中国广播电视协会。

赵玉明曾任国务院学位委员会第四届学科评议组新闻传播学学科（首届）评议组成员、国家社会科学基金项目新闻学学科规划评审组成员、教育部高校新闻学学科教学指导委员会副主任委员、中国新闻史学会会长、中国广播电视学会广播电视史研究委员会会长、中国广播电视学会副秘书长、中国广播电视协会学术委员会委员、原中国新闻教育学会副会长和《中国广播电视年鉴》主编。

因其在广播电视领域人才培养、科学研究和学科建设方面的突出贡献，赵玉明获得了教育部、国务院学位委员会"全国优秀博士论文指导教师"（2010年），中国广播电视学会首届全国"十佳百优"广播电视理论工作者评选"十佳"之一（2001年），中国新闻史学会第二届"终身成就奖"（2016年）等称号。

笔者之所以选择这个选题，就是因为在中华人民共和国的广播电视史学史上，乃至中华人民共和国新闻史学史上，赵玉明都称得上是中国广播电视史学研究的权威。他的学术成就，不仅在广播电视史学领域，也在新闻史学领域、新闻教育和广播电视学科建设领域有着深远的影响。"赵玉明教授是我国新闻传播学界享有盛誉的著名学者，在新闻史论研究、新闻学科建设、新闻学教育等方面均有突出贡献，在国内外学术界有广泛影响。科研方面，尤其是在中国广播电视史、人民广播、建设具有中国特色的广播电视学等方面卓有建树，是这一领域的开创者和学术权威。"[①] 进行广播电视人物研究，有些人物是无法绕过的，毫无疑问，赵玉明就属于这样的人物。

---

① 吴廷俊.中国新闻传播史（1978—2008）[M].上海：复旦大学出版社，2011.

第一节　研究动机

一、一个伪命题——能不能进行健在人物①的研究

在学术研究领域，关于人物研究的著作虽然也不少，但仍有很大一批学者是不愿意进行人物研究的。他们认为人物的史料相对集中，搜集在一起难度不大；把人物写得四平八稳没什么意思，而要写得精彩又太难。也就是人物研究"写成容易写好难"。

（一）人物研究难以精彩？

赵玉明本人以及相关的研究资料较为集中，也比较方便搜集，确实，据此写成一部人物研究著作不是没有可能。赵玉明毕生从事广播电视史的研究工作，史学方面的研究论文和著作等身，但其专著主要集中于公开出版的《中国现代广播简史》，及其主编的《中国广播电视通史》。论文虽然非常多，大部分已经搜集在2014年出版的《赵玉明文集》（三卷本）中。文集还收录了他之前几乎所有公开发表的文章、生平回忆及访谈。

但要系统、完整、深入地论述赵玉明的广播电视史学思想，就不是那么容易了，甚至可以说很难。初阅赵玉明的专著和文集，并没有哪一本专著，甚至哪一篇文章能够直接反映赵玉明的广播电视史学思想，哪怕是其思想的某个方面。笔者的导师哈艳秋教授也曾是赵玉明的硕士生，一生追随赵玉明从事广播电视方面的研究和教学，她曾这样告诉笔者："赵老

---

① 赵玉明先生已于2020年8月去世。笔者对赵玉明广播电视史学思想的研究始于2015年赵玉明先生健在之时。下文类似情况不再赘述。

师的思想需要你在他著述的字里行间去发现。"因此，笔者必然要遍阅与赵玉明直接相关的文章和论著，采访赵玉明本人和熟悉他的人。同时还要对与赵玉明相关的人物进行研究，比如方汉奇、温济泽、杨兆麟、丁淦林等，在比较研究中发现赵玉明广播电视史学思想的特点和价值。而关于这些人物思想方面的研究也很少，更别说全面、系统和深入了。即使是刘泱育的博士论文《方汉奇60年新闻史学道路研究》，其重点也仅是对方汉奇的新闻史学道路进行研究，而对方汉奇的新闻史学思想则鲜少涉及。从这些方面来说，要做好赵玉明广播电视史学思想研究，难度可想而知。但不管"难"与"不难"，似乎都不是笔者"该不该"进行本研究的主要原因。又有什么选题是很容易就能写好的呢？

（二）健在人物评价难以客观？

也有学者认为，人物研究的对象一般是过世之人。相对于在世之人，对过世之人的研究一是可以历史地"盖棺定论"，二是对人物的评价因时间的距离减少了主观因素的干扰而显得更加客观。持这种想法的学者很普遍。确实，对于历史人物，尤其对于一些政治历史人物的评价，需要时间的检验，只有后世之人才能看得更清楚，评价也就更准确。但对赵玉明的研究应该是没有这些方面的顾虑的。赵玉明毕生从事广播电视历史的研究、教学和相关管理工作，虽然也做过系主任，甚至担任学院副院长一职，但也只是主管教学和科研的行政工作；而且本书的研究对象只是赵玉明先生的广播电视史学思想，赵玉明从事广播电视史学研究工作近60年，其史学思想已经相当成熟，也已成定局，不存在看不清、说不清或者可能反复的问题。

至于客观评价问题，笔者倒是赞同南京师范大学刘泱育博士的观点，很多研究者是欣赏一个人才去研究一个人，这与其在世或过世似乎并没有多少关系。笔者对赵玉明不仅欣赏，而且敬仰。敬仰的是其成就，也是其品格。但研究者可以不尊重自己的研究对象吗？自然不可以，而且那样就谈不上客观了。

那么，笔者又为什么非要研究赵玉明先生的广播电视史学思想呢？理由很简单，在中国广播电视史学的教育和研究方面，赵玉明的思想和贡献无法回避。正如新闻理论的研究绕不过甘惜分、王中，新闻史学的研究绕不过方汉奇一样。

二、研究价值——为什么研究

（一）本研究的社会意义和价值："十七年一代"知识分子的缩影

人是社会中的人，马克思认为，"人的本质不是单个人所固有的抽象物，在其现实性上，它是一切社会关系的总和"[①]。这表明，每个个体都深深地打上了他所处的那个时代的烙印，更反映了那个时代的人，尤其是同类人的生存状态和发展自由。

每个人都是时代的一面镜子。选择研究赵玉明首先因为他是一个时代的代表和见证。离开了那个时代的特殊背景，赵玉明广播电视史学思想的研究就如同失去了灵魂和依托。

1. 赵玉明处于一个怎样的时代？

赵玉明称自己为"十七年一代"的知识分子。"十七年一代"的总体特征是：乐于服从、甘于奉献、兢兢业业、任劳任怨。他们对工作有着炽热的事业心，对国家有着强烈的责任感。更重要的是，他们受缚于时代，又感恩于时代。在他们的个体命运中，映衬着家国命运的流变轨迹，烙刻

---

① 中共中央马克思恩格斯列宁斯大林著作编译局.马克思恩格斯选集（第1卷）[M].北京：人民出版社，2012：135.

着历史造就的集体情怀。[①]

赵玉明说，他们那一代人的特点就是服从分配。赵玉明原本报考的是北京大学中文系，却在1955年考入北京大学时服从分配学习了新闻专业。后又随着新闻系科的调整，被转入中国人民大学新闻系继续学习。1959年，赵玉明大学毕业又被分配到当时新成立的广院，成为新闻系的第一批本科教师，从此踏上了广播电视史学的研究道路。

在时代变迁中，作为一名广播电视史学教育和研究学者，赵玉明经历了中华人民共和国成立以来的各个历史时期。难能可贵的是，在每个历史阶段，赵玉明都没有放弃对广播电视历史的研究，在每个阶段都有研究成果贡献社会。当然，"个人的命运和国家、学校的兴衰紧紧地联系在一起。国运盛则校运兴，校运兴则个人成长顺利；反之，若国家发展遭遇挫折，则学校必然衰微，个人的命运和前途也随之沉浮多舛"[②]。赵玉明广播电视史学思想有着鲜明的时代烙印，是中华人民共和国发展历程的见证，折射了中华人民共和国成立以来巨大的时代变迁历程。

2. 赵玉明代表了哪个群体?

以赵玉明为代表的"十七年一代"的一批学者都经历了时代的沧桑变迁，也因此更加珍惜人生中的每个历史机遇，治学、治史态度勤奋、执着。他们忠诚于党的教育事业，一旦走上学术研究之路，便终生以坚定的信念、饱满的热情和敏锐的思维，洞察专业的历史与规律，探求改革与发展。同时，在历史与时代的沉浮中，厚重的学术积淀赋予了他们坚毅的学术品格。他们能够沉下心认认真真做学问，踏踏实实做研究，注重调查研究和一手资料的搜集、整理。"坐得十年冷板凳"而厚积薄发，成果斐然。

---

① 陈娜.教师是我一辈子的身份——访中国传媒大学教授赵玉明 [J].新闻爱好者，2003（10）：63-67.

② 赵玉明.欢庆新中国沧桑巨变六十载 我为祖国健康地工作五十年 [M]// 赵玉明.赵玉明文集（第一卷）.北京：中国广播影视出版社，2014：1.

赵玉明1959年到广院新闻系工作的时候，新创建的广院有校而无园，教学设备简陋。赵玉明向笔者介绍，他们那些刚刚从不同文科大学毕业分配过来的青年教师，可以说是对广播电视"一窍不通"，但受"大跃进"精神的鼓舞，学习劲头十足。在"老广播"的带领下，他们边干、边学、边教，逐步熟悉教学业务，渐渐成长起来。

当时，赵玉明为新闻系讲授广播史方面的课程。为了把课程讲好，他下了大功夫。一方面，他经常到中国人民大学新闻系旁听方汉奇等教师讲授的报刊史课，触类旁通地借鉴来讲授广播史课程。1978年，赵玉明42岁时，他还经常到中国社会科学院新闻研究所和研究生一起听课。另一方面，他努力搜集、查阅档案资料，丰富授课和研究的素材。这一时期，他经常到中央广播事业局档案室（今国家广播电视总局档案室）查阅解放区广播历史档案资料；到北京图书馆查阅民国时期相关广播书刊；多次专门前往上海广播事业局、复旦大学新闻系、上海图书馆和上海唱片社等调查访问，并到旧书店采购了一批民国时期的广播书刊。凡是出差，赵玉明自然也不会错过到当地的档案馆查阅资料的机会。

这些调研资料对他之后的广播史教研工作大有裨益。在此基础上，赵玉明主编或参与编辑了一批教学参考材料，发表了大量研究论文，编写了《我国人民广播事业简史（初稿）》和《中国广播简史（初稿）》等内部教材。改革开放后，赵玉明个人的成长迎来了新的机遇。1979年，他成为学校第一批硕士生导师，之后晋升为副教授、教授；担任广播史教研室主任、新闻系主任、学院副院长，逐渐扛起了中国传媒大学乃至全国广播电视史研究的大旗。①

---

① 哈艳秋."广播电视史学：机遇与挑战"学术研讨会论文集［M］.北京：中国广播影视出版社，2015.

（二）本研究的历史意义和价值：广播电视人物专题研究的突破

自1920年大型综合性期刊上海《东方杂志》以"用无线电传达音乐及新闻"为题介绍广播以来，我国广播电视研究已走过了90多年的发展历程，但是广播电视学的提出却是20世纪80年代末期之事，至今不到30年。这一方面显示出广播电视研究发展的缓慢，另一方面也表明，不管是从广播电视学学科体系建设的自身发展情况来看，还是从与其他众多成熟的人文社会科学学科建设的比较来看，广播电视学都是一门新兴的学科。因此，不断深化和推进广播研究，进一步加强广播电视学学科体系建设就成了广播研究工作者无法推卸的义务和责任。[①]

1. 突破旧有观念，开展健在广播电视人物研究

历史是人的历史，研究历史就不能缺少对历史人物的研究。在中国，最早系统研究历史人物的是司马迁。他在《史记》中，运用唯物主义的思想理论把对历史人物的品评提高到一个新的水平。[②]19世纪末20世纪初，以梁启超为代表的新史学兴盛，历史人物研究逐渐成为史学研究的有机组成部分。1949年中华人民共和国成立至今，就中国近代史研究成果来说，数量最大、突破也最大的当数历史人物研究[③]，而且从关注点到方法、理论方面都有不少新的突破。然而，很长一段时间以来，在广播电视研究领域，针对广播电视事业发展中处于主体和核心地位的广播电视人物的专门研究是缺失的。

赵玉明认为，在广播电视史学研究中，广播电视人物的研究较薄弱。近年来，这一现象在逐步改变。一是广播电视界一些著名人物的个人文

---

① 申启武，安治民.中国广播研究90年［M］.广州：暨南大学出版社，2010.
② 王树民.中国史学史纲要［M］.北京：中华书局，1997：55-56.
③ 马勇.50年来的中国近代历史人物研究［J］.近代史研究，1999（5）：245-270.

集、回忆录和传记陆续问世，其中也有些著作具有较大的史学价值。比如《梅益谈广播电视》、艾知生的《广播影视工作谈》、刘习良的《追求集——关于广播电视对外宣传的论述》以及《第一个平反的"右派"——温济泽自述》等。此外，这些年来还出版了一些著名广播电视节目主持人撰写的个人经历的著作，如赵忠祥的《岁月随想》等。另有一些广播电视代表性人物的纪念文集，如《八十年来家国——梅益纪念文集》《永远的怀念——温济泽纪念文集》《周新武纪念文集》《风范长存——左荧纪念文集》等。

二是这之前为数不多的关于广播电视人物研究的论文和文章，具有一定的学术价值。比如楼喜春的《音魂——访十三大代表、著名播音员齐越》、李莉的《字字铿锵声声情——访著名播音员方明》这两篇采访专文。姚喜双的《大气磅礴　一泻千里——论齐越的播音整体创作观》论述了齐越的播音思想和特色；葛娴、陆宏德的《开拓者梅益》则较为系统地梳理了梅益关于人民广播事业的思想和贡献，具有较高的学术价值。①

三是出现了一批关于我国广播电视人物的专著。2006年，陈尔泰的《中国广播之父——刘瀚传》对刘瀚的生平进行了考证，并就其对中国广播创建的影响进行了评价。周迅专著《记者的战斗生涯——杨兆麟的不平凡经历》（2007年出版）和《大海的一朵浪花——孟启予的广播电视生涯》（2008年出版）分别总结了杨兆麟、孟启予对我国广播电视事业做出的重要贡献，回顾了他们丰富多彩的人生历程。2008年，庞亮的《声屏世界里的思想者——梅益广播电视宣传思想研究》一书出版，在一定程度上填补了我国广播电视史人物思想专题研究的空白。

在博士论文中，刘泱育的博士论文选题为"方汉奇60年新闻史学道路

---

① 通过中国知网搜索关键词"广播电视人物"，分析部分相关文章的内容和论述进行归纳。

研究"，是以健在的新闻史学界人物方汉奇为研究对象；2014年，中国传媒大学硕士生李晓光的《赵玉明55年广播电视史学道路研究》，是第一篇研究健在广播电视学界人物的硕士论文。在这种情况下，本书对健在的中国广播电视史学界的代表性人物的史学思想进行专门研究，这在广播电视人物专题研究中尚属首次，既是对不研究健在人物的旧有观念的突破，也是对中国广播电视史人物专题研究的多维度推进，丰富了广播电视史学理论的研究领域，具有独特的学理价值。

2. 承担历史使命，挖掘赵玉明广播电视史学思想和贡献

河北大学乔云霞教授曾在中国新闻史学会2009年年会暨新闻传播专题史研究学术研讨会上，把新闻界人物研究中"研究死人多、活人少"的现象视为"60年来新闻界人物研究"中"存在的问题"之一。对于这个现象，学术界有识之士早就大声疾呼，力求使这种情况有所改善。其实，早在1981年，年方56岁的方汉奇就呼吁加强新闻史人物研究第一手材料的"搜集和抢救工作"。次年，他又在全国新闻研究工作座谈会上再次呼吁"加强新闻史人物的研究"，"去世的新闻人物要研究，目前还健在的杰出的新闻工作者的有关材料也可以先着手搜集起来，以便掌握更多的第一手材料"[1]。南京师范大学倪延年教授也曾呼吁新闻史学界更多的人加入研究健在新闻学界人物的队伍，希望具有"留住历史、抢救史料"功能的、研究尚健在新闻学界和业界代表性人物的工作取得更大、更多的成绩。"因为这是我们每个后来的新闻史人应该履行的社会责任和历史使命。"[2]赵玉明也曾表示："我们这些与历史打交道的人，应该把前一辈人的成果记录下来，尽量把它们挖掘出来变为财富，不要让它们埋没掉，因为今天的辉

---

① 卓南生.方汉奇文集［M］.广东：汕头大学出版社，2003：31.
② 摘自倪延年为刘泱育《治学与治己：方汉奇学术之路研究》所写序言，中国书籍出版社，2013年版，第9页。

煌都是建立在这些成果基础上的。"①

　　赵玉明的广播电视史学研究成果丰富，其研究的第一步，是从对解放区广播的研究开始的，经过了20世纪60年代初期的缓慢起步、"文革"期间的曲折前进、"文革"之后的恢复成长和80年代之后的走向成熟。1987年，赵玉明的首部学术专著《中国现代广播简史》（以下简称《简史》）出版，引起了学界和业界的重视。方汉奇为其作序，称它的公开出版填补了中国广播史研究的空白。2004年，赵玉明主编的《中国广播电视通史》（上、下卷）出版，该书迄今仍是国内涉及最为全面、时间跨度最长的一部广播电视史学专著。方汉奇评价《中国广播电视通史》堪称巨构，"为广播电视史研究的一部集大成的专著，深受学术界的重视"②。

　　专业工具书既是教学研究的需要，也是一门学科成熟的重要标志。作为学术的积淀，赵玉明对此做出了有益的尝试，并取得了不少成果，如《广播电视简明辞典》（后增订为《广播电视辞典》）、《中外广播电视百科全书》、《中国广播电视人物词典》及其参与主编的《中国广播电视年鉴》，及时总结广播电视学科发展的最新成果，具有首创之功，更具有重要的学术价值和实用价值。

　　汇聚众人之力，开展协作研究，这进一步延伸了赵玉明的学术影响。赵玉明积极参与组建和领导学术团体，推动全国广播电视史志的编修工作。1987年，赵玉明曾参与创办中国广播电视学会广播电视史研究委员会（以下简称广播电视史研委会）并长期担任副会长、会长职务，也曾任第三届中国新闻史学会会长。在他的主持之下，协作研究不仅促进了学科领域的深入研究，也在吸纳和培养后备人才方面发挥了重要作用。

---

① 赵玉明.赵玉明文集（第一卷）［M］.北京：中国广播影视出版社，2014：16.
② 方汉奇.1949年以来大陆的新闻史研究（二）［J］.新闻与写作，2007（2）：32-37.

同时，赵玉明的研究领域并没有局限于广播电视历史本身的研究。他利用新闻系主任和学院副院长的优势，开展了对广播电视学科建设和广播电视人才培养等广播电视教育方面的研究，为广播电视学科的独立和建设做出了重要贡献。

更难能可贵的是，在那个年代，赵玉明始终坚持实事求是的唯物史观、纵横结合的专业史分期主张、论从史出的实证性原则和健康的学术争鸣活动，在史学思想的探索方面贡献了自己的智慧。

赵玉明广播电视史学成果丰硕，对思想系统贡献重大，但同时，他内敛、低调而不张扬；沉稳、务实而不浮夸；即使做到副院长的位置，也仍分管教学和科研工作，没有离开教学岗位；即使担任社会职务，也没有离开广播电视和新闻领域，而是不断助推广播电视和新闻学科的发展。如果我们不开展赵玉明广播电视史学思想研究，试想若干年后，谁还记得广播电视史学史上这位曾经的旗帜性人物？我们研究赵玉明广播电视史学思想，就是要让更多的人了解和分享他对广播电视历史研究的成果，也是要更好地传承他的思想，让他的思想在我们这一辈和后辈中发扬光大。

（三）本研究的现实意义和价值：广播电视史学发展的现实需要

我国的广播电视史研究从中华人民共和国成立之后不断发展壮大。自改革开放以来，在广大广播电视史志工作者的努力下，无论是解放区广播史、现代广播史、当代广播电视史，还是广播电视通史以及地方广播电视史志的研究，都取得了长足进展。赵玉明近60年的广播电视史学道路，尤其是改革开放后30多年的广播电视史学道路，再现了中华人民共和国广播电视史学研究和广播电视学科建设的发展轨迹，代表了广播电视史学研究的最高成就。广播电视史学的发展也促使我们开展广播电视重要人物的研究，而赵玉明正是这样的一位人物。

　　赵玉明首先是忠于"广播电视历史"的教育者。赵玉明曾在诸多文章中强调自己教师的身份。他的广播电视史学研究成果丰富，但几乎所有的研究，其最初目的都是教学，适应教学的需要。历览著名的新闻学研究大家，诸如徐宝璜、邵飘萍、戈公振、方汉奇等，他们的研究都与教学工作密不可分。[①]赵玉明也一向把教学和科研视为一体，正是那些为教学而付出的努力，锻炼了赵玉明的研究能力。在其后的几十年，随着中国广播电视学科和广播电视教育事业的发展壮大，赵玉明也逐渐从一个初出茅庐的大学毕业生成长为一名广播电视学的教授，慢慢从一个蹒跚学步的青涩教师走上了本系、本校甚至全国广播电视教学科研的领航之路。

　　同时，赵玉明是探索广播电视史学的思想者。赵玉明广播电视史学的研究过程就是对广播电视历史不断探索和求真的过程。作为历史研究，要求真，以探求历史真相、还原真实历史；而对于当时尚属于蛮荒领域的广播电视史学研究而言，更有学术价值和意义的是探索、开拓和创新。赵玉明广播电视史学思想在那个年代来看，是非常难得的，对于今天的我们依然具有重要的意义和影响。

　　赵玉明还是奠基广播电视史学学科的建设者。考察赵玉明的史学思想价值时，我们要明确赵玉明作为大学教授，他的学术研究成果在广播电视史学科建设中的巨大作用。时任中国新闻史学会会长、北京大学新闻传播学院院长的程曼丽教授曾评价："当我们回顾那段历史的时候，可以清晰地看到广播电视史学的学科建设从无到有、从小到大、从弱到强的足迹，也可以清晰地看到学术前辈们筚路蓝缕以启山林的创举。而作为这一学科领域的奠基者和学术带头人，赵玉明教授在其中发挥了重要的作用。"[②]

①　李晓光.赵玉明55年广播电视史学道路研究［D］.北京：中国传媒大学，2014.
②　哈艳秋."广播电视史学：机遇与挑战"学术研讨会论文集［M］.北京：中国广播影视出版社，2015.

教学和研究之外，作为学科带头人，赵玉明积极参与策划组织学会，主动组织、推动学科的研究和发展。赵玉明在社会上担任了一些职务，并通过参加学科组的有关活动，与同行专家一起讨论学科建设方案、科研项目计划，探讨教研改革问题，推动了广播电视学科的独立和发展。如今，广播电视学作为一门独立的学科为人们所认识。而赵玉明既是这个艰难过程的见证者，更是这项系统工程的参与者。

最后，作为培育广播电视后学的引路人，赵玉明为广播电视和新闻领域培养了一大批人才。复旦大学新闻学院童兵教授认为，赵玉明等一批学界元老，是中华人民共和国新闻学研究和新闻学教育的开创者、拓荒者。在他们的言传身教下，新的一代学者脱颖而出。[①]在中国的广播电视史领域，一批知名的学者诸如郭镇之、哈艳秋、袁军、艾红红等教授都是赵玉明的学生。

广播电视史学要发展，首先要总结经验。赵玉明的人生和治学道路与中华人民共和国同行。他从事广播电视史研究的时间之长、成就之大难有比肩。在广播电视史领域，其治学经验、治学思想以及治学方法无疑最具有研究价值和借鉴意义。

第二节　文献综述

关于赵玉明广播电视史学思想研究的第一手资料，自当属赵玉明本人的等身著作。除此之外，作为广播电视史学的奠基人和权威，赵玉明亦是学界和业界关注的研究对象，这些研究作品无疑也对本书有重要的补充作

[①]　童兵.童兵自选集——新闻科学：观察与思考［M］.上海：复旦大学出版社，2004.

用。以下将就与本研究相关度较高的文献和史料略做陈述。

一、赵玉明个人作品

（一）赵玉明文集

2014年，《赵玉明文集》（三卷本）由中国广播影视出版社出版。这是赵玉明个人的自选文集，汇集了赵玉明从教治学以来的教学科研成果（专著和辞书除外）、个人经历和认识，以及对人世沧桑的回顾与思考。因此，也是笔者研究赵玉明广播电视史学思想的主要依据。

《赵玉明文集》（以下简称《文集》）共三卷，其中第一卷为广播电视卷（上），第二卷为广播电视卷（下），第三卷为新闻传播卷。第一卷主要内容为个人生平回忆，有关中国人民广播事业创建纪念日活动的记述，对老一辈人民广播创业者的回忆与访谈，有关广播电视教育和学科建设的探讨以及参与编著的广播电视教材与书刊的前言、后记和访谈等。第二卷主要内容为我国不同时期的广播电视史的专文，对广播电视史教学研究的回顾与评述，参与广播电视史学术团体活动的记述以及有关广播电视史研究的争鸣文章等。第三卷主要内容涉及新闻传播教育，主要是新闻传播史教学研究方面的论文、研究报告、访谈、述评和书序等。每卷各附有若干相关照片。三卷《文集》有关文稿的附录中，收入了吴冷西、温济泽和方汉奇等人为赵玉明编著之作写的序言，另有部分文稿是赵玉明与他人合作完成的，还有部分文稿是赵玉明接受校内外媒体记者、相关高校教师以及学生采谈后形成的。

赵玉明在《文集》前言中介绍："此前，从1993年到2007年，我曾先后出版过四本自选集。这部《文集》是在上述几本自选集基础上加以增删而成，文稿截止于2013年。"① 赵玉明这里提到的四本自选集，第一本

---

① 赵玉明.赵玉明文集（第一卷）[M].北京：中国广播影视出版社，2014：7.

是1993年由中国广播电视出版社出版的《中国广播电视史文集》，约30万字，收录了赵玉明在改革开放后撰写的有关中国广播电视史的文章60余篇，并以附文的形式收录了方汉奇等为其著作所写的序言，大体从一个侧面反映了中国广播电视史研究的曲折历程。

第二本是《中国广播电视史文集（续集）》，由北京广播学院出版社于2000年出版。作为《中国广播电视史文集》的续集，该自选集收录了赵玉明在1986—1999年发表的30余篇有关中国广播电视新闻事业史的文章。附录部分收录了列宁与无线电广播的有关文章、译文和书信选注，以及两篇对作者的访问记。

第三本是《声屏史苑探索录——赵玉明自选集》，是2004年为庆祝广院建校50周年，由校方列入"北广学者文库"，按照规定拟定书名，统一设计、装帧、出版的。这本自选集共20篇（含附录），其中8篇选自前两本文集，其余12篇均是赵玉明在2000年之后陆续发表的文章。自选集中的部分文章是和他人合写，附录中还收录了一篇访问记。

第四本自选集仍沿用第三本的书名，为有所区别、突出特点，定为《声屏史苑探索录（二）——回忆与访谈》。这本自选集中收入文稿35篇，均为20世纪90年代初以来赵玉明撰写和发表的带有回顾性的自作和访谈录。这本自选集还酌收了此前三本自选集中的几篇文稿。附录中包括此前三本自选集的后记及目录，从另一个侧面反映赵玉明本人从事广播电视史教研工作的历程。

（二）著作

赵玉明的代表著作《中国现代广播简史》和《中国广播电视通史》，是本书首先和必须关注的。

1987年由中国广播电视出版社正式出版的《中国现代广播简史》，是赵玉明的首部学术专著，也是中华人民共和国历史上第一部比较系统、全面地记述1923—1949年中国广播事业发展的专著，填补了这方面研究的空白。赵玉明这一时期的广播电视思想及其对于现代广播的观点在这部专著中有着比较完整的呈现。

《中国广播电视通史》是一部由赵玉明主编，汇集多位广播电视史学界和业界的专家学者共同撰写的集大成之作。该书系统地梳理和剖析了中国广播电视事业自诞生伊始至20世纪末的发展历程，"是迄今国内涉及最为全面、时间跨度最长的一部广播电视史学专著"[①]。正是这部在广播电视史学领域前无古人、后难有来者的著作，全面反映了赵玉明成熟的广播电视史学思想，确立了赵玉明难以撼动的学术权威地位。

赵玉明广播电视史学研究的一个重要方面，是关于解放区广播的研究，这也是赵玉明广播电视史学研究的第一步。赵玉明最早的一篇关于解放区广播研究的学术短文，也是其学术生涯公开发表的第一篇学术短文，即1963年以"于明"的笔名在中央广播事业局《广播业务》上刊登的《毛主席的〈目前形势和我们的任务〉是怎样播送的？》。此后，赵玉明发表了大量关于延安广播和其他解放区广播的论文，还包括当时的党中央领导人与解放区广播的文章，这些论文大都收入他后来的文集中。另有赵玉明主编的一批关于解放区广播史的书刊，其中包括以广院新闻系名义编印的五本《中国广播史料选辑》，中国广播电视出版社1985年出版的《解放区广播历史资料选编》和《延安（陕北）新华广播电台广播稿选》、1992年出版的《中国解放区广播史》（以上均为集体属名）、2000年出版的与杨兆麟合著的《人民大众的号角——延安（陕北）广播史话》等，标志着赵玉明对解放区广播史研究的日臻成熟，也全面呈现了赵玉明关于解放区广播的思想发展。

---

① 范晓晶.十年磨一剑 原创显特色——访《中国广播电视通史》主编赵玉明教授［J］.现代传播（中国传媒大学学报），2004（3）：42-44.

另外，赵玉明主编的广播电视系统最早的专业工具书，如《广播电视简明辞典》《广播电视辞典》《中外广播电视百科全书》《中国广播电视人物词典》《中国广播电视年鉴》等，字里行间也印证着赵玉明的广播电视史学思想。

（三）学术年表

学术年表是值得重视的史料之一。理想的学术年表"不但对于他的一生境遇和全部著作要有细密考证和心知其意的功夫，而且对于和他有特殊关系的学者亦要有相当的研究。对于他当时一般社会的环境和学术界的空气亦必须要有一种鸟瞰的观察和正确的了解，我们才能估计他的学问的真价值和他在学术史中的真地位"[①]。这里所说的学术年表是指后人整理的年表。

赵玉明学术年表由赵玉明自己整理而成，分为出生及求学时期（1936—1959年）、新闻系时期（上）（1959—1980年）、新闻系时期（下）（1980—1989年）、学校岗位时期（1989—1998年）、离职以后（1998—2006年）、退休以后（2007年至今）6个部分，近6万字，系统地呈现了赵玉明教学研究工作生涯的主要事件，及著作的整理出版情况，可凭此对赵玉明思想的发展历程获得较为清晰的认识。

笔者所得乃赵玉明所编初稿，由赵玉明本人提供的第一手材料，史料价值很高。

二、他人相关研究

他人研究文章中，关于赵玉明的文字可以分为两类，一类是专门研究赵玉明的文章，另一类是新闻传播史学著作中涉及赵玉明的评述。这些文

---

① 何炳松.《章实斋先生年谱》序［M］//欧阳哲生.胡适文集（第7册）.北京：北京大学出版社，1998：3.

字包含相当丰富的历史内容和政治文化象征意义，可以从另一个侧面审视赵玉明史学道路及其思想，理应重视。

中国传媒大学李晓光的《赵玉明55年广播电视史学道路研究》，是第一篇对赵玉明的史学道路进行全面梳理和考察的硕士论文。全文从学术奠基、学术耕耘、学术活动和教育培养四个维度对赵玉明的教学与科研成果进行了全方位的梳理，最后对赵玉明的广播电视史学道路做了简要的评价。刘泱育的《治学与治己：方汉奇学术之路研究》（中国书籍出版社2013年出版）中也有关于赵玉明的评述。这些研究对笔者梳理和评价史学史上的赵玉明具有重要的借鉴意义。

复旦大学徐培汀所著《20世纪中国新闻学与传播学·新闻史学史卷》，由复旦大学出版社于2001年出版，该书部分章节涉及赵玉明与广播电视史学研究、赵玉明与《中国现代广播简史》、赵玉明等与《中国新闻业史（古代至一九四九）》、中国新闻史学会及其活动历史、中国广播电视学会史学研究委员会及其活动。徐培汀2006年所著《中国新闻传播学说史（1949—2005）》，其中在描述现代广播史研究初获成果时，涉及对赵玉明《中国现代广播简史》的评述，并在"当代广播电视史的研究成果辉煌"章节中，对赵玉明与《中国广播电视通史》有近8页篇幅的评述。2006年3月，日本学者村井宽志在《战争·广播·记忆》（日本贵志俊彦等著，勉诚出版株式会社2006年3月出版）一书中对《中国广播电视通史》做了评述。①

此外，笔者还参考了相关新闻史人物研究论文和著作，如华东科技大学博士吴麟的《常识与洞见——胡适言论自由思想研究》、南京师范大学博士刘泱育的《方汉奇60年新闻史学道路研究》、南京师范大学博士关梅的《论胡道静的新闻实践和新闻学研究》、南昌大学硕士周翔的《徐宝璜新闻思想研究》等；还参考了一批对新闻史人物的研究文章，比如黄瑚的

---

① 据赵玉明所提供资料。

《丁淦林教授与新闻教育》、陈栋、王丽明的《惟真是命　惟真至尊——著名新闻史学专家、华中科技大学新闻与信息传播学院教授吴廷俊专访录》等，比较并借鉴他们的研究角度和方法。

第三节　研究方法

任何研究方法都需根据研究对象的特殊性和研究目标的有效达成而选择。若论研究方法的宗旨，笔者赞同"历史地"（historically）研究思想史，即将思想放回具体历史情景中考察。①本书除了运用文献梳理、归纳演绎、口述历史和比较研究的方法之外，还根据研究对象的特点，创造性地运用历史语境主义的观点和方法，将研究对象放在具体的历史语境中进行考察。

一、主要研究方法

（一）文献研究法

本书首先并大量使用的是文献研究法。在文献研究的基础上，通过对文本和相关研究文献的分析、归纳，梳理赵玉明广播电视史学研究主要领域和重大历史发现，总结和提炼赵玉明广播电视史学思想、品质和方法。

在文献研究中，本书将使用归纳法与解释法。这两种方法是息息相通、相辅相成的。

---

① 在目前西方学术界，对思想史特别是政治思想史的研究，以昆廷·斯金纳为代表的"剑桥学派"是主流。而这正是"剑桥学派"的核心观点。

　　归纳法是从观察个别的事实而得到一致结论的方法。该方法最早由英国学者培根提出，后被史学家应用而成为一种治史的方法，也就是尽可能多地搜集可能搜集到的史料，在此基础上再得出结论。归纳方法被视为"史学上方法中的方法"，因为"史学家治史，第一种必须使用的方法，应该是归纳方法"①。用归纳法进行资料的梳理将是本书最为基础的工作。

　　解释法是发掘历史的意义、赋予历史以生命的一种方式，也就是将零散而混乱的信息变成有条理、有意义的知识的过程。本书通过搜集与研究对象相关的大量资料，梳理脉络、归纳总结，力求客观、立体地解释和呈现赵玉明的广播电视史学思想。

（二）口述史方法

　　作为对健在人物的研究，口述史方法是一个具有特别效用的研究方法。口述史"让历史的参与者和见证人直接讲述历史，将个体生命体验融入历史学之中，既弥补了文献资料之不足，又可以校正可能出现的认识误差"②。笔者的研究对象是中国广播电视史学界的健在人物及其思想演变，更应该着力搜集大量第一手资料。除了赵玉明本人撰写或整理编辑的大量资料外，更强调用口述史的方法挖掘"活史料"。

　　本书在采用口述史方法时，既包括对赵玉明本人面对面的访谈，也包括对他的学生、同事、同人代表的面对面的访谈，还包括通过电邮、电话、微信等方式所做的采访。

　　口述史方法与之前对广播电视人物研究多通过查找文献资料、采访其后人等方法获得第二手资料不同。对健在的研究对象即当事人的访谈，不仅可以挖掘生动丰富的新鲜史料和研究对象的最直接材料，而且具有很高的可信度。

---

① 杜维运.史学方法论［M］.北京：北京大学出版社，2006：46.
② 王俊义，丁东.口述历史（第三辑）［M］.北京：中国社会科学出版社，2005：2-3.

（三）比较研究法

为了更好地进行归纳和解释，本书还将适当运用比较方法。法国年鉴学派的著名史学家布洛赫曾誉之为"有神力的魔杖"①。

比较研究法是史学研究中最基本、最重要的方法之一。历史中的很多问题，如果单从其本身来看，往往难以获得真切的了解，而只有从不同角度进行观察和比较，才会尽可能地接近或知晓它本来的意义。在不少情况下，一个具体的论点往往亦只有置于比较的框架中才有意义。在评判一个具体的历史人物时，如果不将其与同时代的其他人物进行比较，就更难以恰当地了解他的独特。

本书将赵玉明置于其所处的时代和所研究的领域，注重将其与温济泽、杨兆麟、丁淦林等同时代人物的思想进行比较。在寻求赵玉明在广播电视史学史上的定位时，本书将其与前辈方汉奇以及后辈学生郭镇之、哈艳秋等进行"单向比较"。

总而言之，为避免研究对象孤悬于时代之上，本书将相关文字及具体史事皆视为"文本"，将其所发生的特定时代背景视作"语境"；不仅研读文本的内容，亦注重文本所在的历史语境以及文本与语境的互动。

二、创新之处

一般从逻辑上看，理解历史上的政治思想有两种维度：历史和哲学。相应地，也就形成了两种不同的研究方法：历史语境主义和文本中心主义。历史语境主义注重政治思想史上某一特定文本的社会和文化背景，倾向于历史地理解政治思想。文本中心主义则注重历史上政治思想的连续性、独立性，倾向于对政治思想做无历史的解读。

---

① 杜维运.史学方法论［M］.北京：北京大学出版社，2006：64.

长期以来，在政治思想史研究中占主导地位的研究方法是从哲学的抽象层面上来展开研究。笔者在进行本研究时发现，基于文本中心主义的研究方法导致的一个致命问题就是，容易把研究对象统一于某种想象出来的主题之下，也就是对研究对象妄作揣测，把自己的意图强加于文本之上。而在具体历史语境中进行思想史的考察，其最大的好处是能"更为准确地复原历史上的思想历程，而不为后人的主导性观念和解释所迷惑"①。同时，在更广的语境下也能够更清晰地看到赵玉明为什么会有这样的思想和贡献，而不是另一种思想和贡献，也能够更清晰地看到赵玉明的广播电视史学研究改变了原先的什么，从而发展了什么；他为什么这样选择，选择这样的研究内容、这样的组织表达来考证历史、思考现在、预见未来。

客观而言，本书的创新之处，就是将这两种方法有机结合，把赵玉明广播电视史学思想研究的中心从经典文本转移到历史语境，解读文本是以语境为中心而不是以文本为中心。

第四节　研究框架

在本研究进行之前，还有三个问题需要界定，即赵玉明广播电视史学思想中的"思想"的内涵是什么？赵玉明广播电视史学思想包括哪些内容？本研究将主要从哪些方面研究赵玉明广播电视史学思想？

一、概念界定

"思想"的概念多义而模糊，自古延续下来，但在人们日常运用时，

---

① 李宏图.西方思想史研究方法的演进［J］.浙江学刊，2004（1）：86-93.

它似乎又是一个不言而喻、约定俗成的概念。"思想"具有元概念的特点，可以和不同的词语与概念结合，形成不同的含义。《现代汉语词典》（第7版）中将"思想"界定为：第一，客观存在反映在人的意识中经过思维活动而产生的结果；第二，念头、想法，比如这个人有思想；第三，思量。

思想的多义性既与认识事物的复杂性有关，也与人们对思想的认知、理解和视角有直接关系。是将思想作为理解的整体，还是关注思想的某一方面的内容特点；是关注思想的过程，还是关注思想活动的成果；是从历史、实践的角度，还是从人主观与内在结构的角度等，皆会有不同的结论。①

赵玉明广播电视史学思想丰富而系统，既包括赵玉明研究广播电视历史的过程中，经过思维活动而产生的关于广播电视史学的观点和理论体系，也包括赵玉明与之相关的新闻和广播电视教育思想、广播电视学科建设思想等。但本书主要关注的是前者——赵玉明将广播电视历史作为一门科学进行研究的思想观点和思想体系，既总结赵玉明广播电视史学思想的整体，也关注其对某些具体历史事物和现象的观点，反映其广播电视史学思想形成的历史过程和结果。

二、本书框架

本书主要通过系统梳理赵玉明的广播电视史学研究实践，探究他在广播电视史学研究方面的基本思想，并且尝试从历史和时代的角度切入比较，确定赵玉明广播电视史学思想的历史定位。本书的主旨在于解答赵玉明广播电视史学思想"是什么"以及"为什么"两个彼此关联的问题。前者以确定赵玉明广播电视思想的基本内容为主，后者则侧重探索赵玉明广播电视思想的形成原因，以凸显赵玉明广播电视史学思想的独特风貌，彰

---

① 王玉香.思想及其基础［D］.济南：山东大学，2017.

显赵玉明广播电视思想的贡献与地位。具体章节内容安排如下。

第一章以广播电视史学上的赵玉明为主线，重点对赵玉明的广播电视史学研究领域和贡献给予梳理和总结。本书在定位赵玉明广播电视史学价值时，将充分结合当时的时代特点和当前学界丰富的研究成果，阐释赵玉明广播电视史学的独特之处。

第二章是本书的中心，回答赵玉明广播电视史学思想"是什么样"的问题。在其所处的时代背景下，从唯物史观下的广播电视发生史、纵横结合的专业史分期主张、"论从史出"的史学研究实证性原则、"学术争鸣推动史学繁荣"的史学发展观这四个方面考察赵玉明的广播电视史学思想的主要内容与特点，反映赵玉明广播电视史学思想的价值与意义。

第三章聚焦赵玉明广播电视史学研究方法。赵玉明在广播电视史学研究过程中逐渐形成了一套行之有效的搜集史料、考证史料、有计划逐步开展研究的治史方法，亦已成为其可贵的思想资源。

第四章回答赵玉明广播电视史学思想"何以如此"的问题，考察赵玉明的生平与学术道路，旨在突出赵玉明的学术渊源与治学趋向。对赵玉明广播电视史学思想影响比较大的是大学时期的教育和工作后的一些朋友，本书将对此做重点考察。对于家庭影响和中小学时期的教育也将提及，但不做深论。

第五章以媒介环境论的分析视角，运用比较方法，将赵玉明广播电视史学置于当代中国广播电视史学史中加以考察，主要论述赵玉明与广播电视及新闻学界的关系，包括他与其他学者的比较分析，譬如他们的学术贡献、治史方法和交流等方面，以求对赵玉明学术成就与影响地位有更加完整的认识。

本书最后结语部分，就赵玉明广播电视史学思想的价值和启示，做一客观评价与思考。

第一章 赵玉明广播电视史学研究轨迹

赵玉明是我国新闻传播学界享有盛誉的著名学者，是中国特色广播电视史学的开创者和学术权威。[①] 显然，赵玉明有如此影响，与他的广播电视史学研究关系密切。从对解放区广播的研究开始，赵玉明先后出版了专著《中国现代广播简史》和著作《中国广播电视通史》，主编《广播电视辞典》《中外广播电视百科全书》等系列专业工具书，参与筹建专业学会，筚路蓝缕以启山林，推动着广播电视史学研究和广播电视学科的发展。

第一节 对解放区广播的研究——重要出发点

赵玉明广播电视史学研究成果丰富，而其研究的第一步，是从对解放区广播的研究开始的。

一、解放区广播研究的背景

赵玉明1959年从中国人民大学新闻系毕业后到广院任教的时期，正是

---

① 吴廷俊.中国新闻传播史（1978—2008）[M].上海：复旦大学出版社，2011.

全国范围内"大跃进"的时期。在这种政治背景和政治环境中，中国广播史的三个研究领域——民国广播史、国民党广播史和人民广播史，显然，开展民国广播史和国民党广播史研究在政治上是不适宜的。天时地利人和，赵玉明对人民广播的研究由此拉开序幕。

（一）广播史的教研是从人民广播开始的

赵玉明刚到广院时，对于广播史的教学基本上是从零开始的。20世纪60年代初，广院为新闻系同学开设了新闻广播史课程。课程第一部分是新闻史，第二部分是广播史。赵玉明保存下来的那个时候的"广播史讲课提纲"，分为前言、第一章"第三次国内革命战争时期的人民广播（1945.9—1949.9）"、第二章"国民经济恢复时期的人民广播（1949.10—1952.12）"、第三章"第一个五年计划建设时期的人民广播（1953—1957）"、第四章"社会主义'大跃进'时期的人民广播（1958—　　）"[1]。全部提纲以人民广播为主体，对此前中国的广播只在前言中略有提及，对已出现的广播电台除"苏联呼声"广播电台外，其余全盘否定。

当时学校开设的广播史课程的名称就叫"人民广播史"，而人民广播的历史起点是解放区广播。"他（新闻系副主任、广播史教研组组长康荫）告诉我，党的广播事业是从延安开始的，可以从当年的延安《解放日报》上查找有关延安台[2]的材料。根据康荫同志的意见，我从翻阅《解放日报》

---

[1]　根据赵玉明提供的北京广播学院新闻系教学资料《中国人民广播史讲课提纲（1961—1964）》。

[2]　延安台，全称延安新华广播电台，是中国共产党领导创办的第一座广播电台。1940年12月30日开始播音，隶属新华通讯社，呼号XNCR。1947年3月21日起改称陕北新华广播电台。1949年3月25日，陕北台迁进北平，改名为北平新华广播电台，开始具有中央台的性质。同年5月，成立中央广播事业管理处，该台脱离新华社，归管理处领导。同年9月1日，改称北平新华广播电台第一台，9月27日起又改称北京新华广播电台第一台，12月5日定名为中央人民广播电台。

开始了广播史的备课工作。"①因而，适应教学的迫切需要，成为赵玉明对解放区广播进行研究的最初动机。

（二）教研室"老广播"均来自解放区

赵玉明初到广院时，由于在北京大学、人民大学学习时只上过报刊史的课，除了偶尔听过广播外，当时对广播的知识可以说是一无所知。一切从零开始，万事从头学起。从1959年初秋到1961年初春，赵玉明集中全部精力投入广播史的教研工作。

赵玉明首先想到向身边（系里）的"老广播"请教学习。当年为了办广播学院，中央广播事业局副局长周新武兼任广院院长，副院长左荧兼任新闻系主任，新闻系副主任康荫兼任广播史教研组组长，张纪明为广播史教研组副组长。他们都是中国人民广播事业最早的一批创业者，同一教研组的康荫、张纪明从事广播宣传工作多年，有着丰富的实践经验。康荫当时还写过几篇有关广播史的文章发表在内部刊物上。赵玉明自然不能放过这个得天独厚的向"老广播"学习的条件，而对他指导帮助最大的，要属1960年到系里工作的温济泽。赵玉明当时就常常把一些自己感到困惑的问题向温济泽请教②，从教学的指导思想和方法、史料的搜集和编纂，到解放区广播史中的细枝末节等。在这些"老广播"的关心和帮助下，赵玉明逐步树立了研究解放区广播史的信心和决心。

（三）《毛泽东选集》第四卷的出版掀起对解放战争时期历史研究的高潮

1960年9月30日，《毛泽东选集》第四卷出版。这一卷搜集了毛泽东

---

① 赵玉明.延安（陕北）台广播稿存佚记［M］//中国传媒大学电视与新闻学院.新闻传播学前沿（2011—2012）.北京：中国传媒大学出版社，2013.

② 王德平，王永亮.半个世纪新闻路 四十五载广院情——赵玉明教授访谈录［M］//赵玉明.赵玉明文集（第一卷）.北京：中国广播影视出版社，2014：17.

从1945年日本投降以后到1949年中华人民共和国成立以前这个时期，即全国解放战争时期的重要著作。之后，在全国范围内立刻掀起了学习《毛泽东选集》第四卷和研究解放战争时期历史的热潮。而解放区的广播，那时也认为是从1945年，也就是解放战争时期开始的。赵玉明在反复研读《毛泽东选集》第四卷的同时，尤其关注其中和广播有关的内容。结合学习《毛泽东选集》，赵玉明大量阅读有关解放战争的回忆文章，从中寻找有关人民广播的史料线索。后来，这些都成为赵玉明搜集的关于解放区广播史料的一部分。

二、关于解放区广播的研究

20世纪60年代初，赵玉明根据从广播局档案室借来的延安时期的《解放日报》和搜集的关于解放战争时期的广播史料，开始了他对解放区广播最初的研究。

（一）关于解放区广播的早期研究

1959年，广院新闻系广播史教研组结合教学需要，从搜集史料入手，有计划地开始研究解放区广播史，初见成效。赵玉明最早的一篇关于解放区广播研究的学术短文，也是其学术生涯公开发表的第一篇学术短文，即1963年以"于明"的笔名在中央广播事业局《广播业务》上刊登的《毛主席的〈目前形势和我们的任务〉是怎样播送的？》。这篇研究文章是在翻阅相关历史资料和广播原稿的基础上写成的。研究以陕北新华广播电台（以下简称陕北台）1947年除夕对毛主席《目前形势和我们的任务》的节目预告开始，介绍了当时记录广播的背景、过程和意义，随后分析了陕北台播送这个文件的三个特点：一是从1948年元旦起，陕北台差不多集中一个星期的时间，每天几乎使用全部或大部分的播音时间来连续地、反复地播送这一文件，甚至在最后一天还一起播送了标点符号，请抄收的听众校对。二是由于全文较长，陕北台按照全文八个段落分成三个部分播送，每部分之间会播放音乐作为间隔，并在每段播完以后，简要概括交代一下，再介绍下一段的中心内容。除此之外，赵玉明还敏感地注意到播音员在广播稿上的种种标记，然后指出，播音员为播好文件，不仅要求自己准确无误地播送内容，还要求自己在感情上能够表达出原作的风格，以增强广播的感染力。在此基础上，他发出号召，这种认真钻研毛主席著作的精神以及千方百计为听众着想的态度，值得我们每个广播工作者学习。[①]

同年，赵玉明在《广播业务》上发表《延安〈解放日报〉上的广播史料》，介绍了延安《解放日报》发表延安台开播等消息、文章和人民广播最早的一批广播稿的总体情况，尤其指出其中最珍贵的、具有文献性质的史料。文中还用很大篇幅介绍了国内外听众对延安台的印象和要求。这表明赵玉明对广播电视历史的研究，在一开始就意识到了受众的反馈是研究的重要部分。

（二）关于延安（陕北）台的研究

1. 关于延安台创建开播的相关考证

赵玉明关于延安台创建开播，即中国人民广播事业创建纪念日及其相关的考证持续了将近30年，取得了丰硕的成果。《延安新华广播电台筹建和试播始末（调查报告）》、《延安（陕北）新华广播电台旧址调查日记》、《关于人民广播创建情况的历史资料》、《人民广播第一声》，以及《中国人民广播事业创建纪念日的由来及其意义》、《更改人民广播创建纪念日的回忆和启示》等一批调研报告和回忆文章，对延安台的筹建、停播、重建、恢复播音的早期历史和更改中国人民广播事业创建纪念日的来龙去脉进行

---

① 于明.毛主席的《目前形势和我们的任务》是怎样播送的？［J］.广播业务，1963（1）.

了回顾，并对其意义做出评价。

赵玉明于2012年5月在新华社《新闻业务》上发表《延安新华广播电台首播时间与XNCR含义的探讨》，详细回顾了其起草延安台筹建和开播情况的调查报告时，是如何对相关的史料进行比较研究、大胆假设和科学论证的。该文还对延安台的呼号"XNCR"的含义进行了探讨。

《延安新华广播电台筹建领导机构称谓考实》则是对1940年党中央决定成立广播委员会领导筹建广播电台一事进行考实。那么，到底有没有这个"广播委员会"？当时的准确称呼是什么？由哪些人组成？他们又是如何分工的呢？通过查阅大量的党史文件，赵玉明对这些内容一一进行考实，并根据现实史料，实事求是地将其称为"广播筹备委员会"，为进一步的研究留有余地。

《延安（陕北）台广播稿存佚记》发表于《新闻传播学前沿（2011—2012）》，该文整理了赵玉明半个世纪亲历的查阅和编印延安（陕北）台广播稿的情况，并指出延安（陕北）台广播稿的渐为人知和广泛流传，对于继承和发扬延安广播优良传统的积极意义。《延安广播颂"七一"》也是在分析相关的广播史料，尤其是广播稿的基础上，记录了在革命战争年代延安台庆"七一"广播的片段。

2. 关于"三次战斗转移"的还原

延安台诞生于抗日战争的艰苦年代。自1947年3月中旬至1948年5月下旬，这一年多的时间里，随着解放战争形势的发展，延安台做过三次战斗转移。赵玉明的《从延安新华广播电台到陕北新华广播电台》（载于《新闻研究资料》1983年9月第21辑）、《接替陕北广播的一场战斗》（载于《新闻研究资料》1985年4月第30辑）详细还原了三次战斗转移的背景和过程，描绘了延安（陕北）台在艰苦卓绝的解放战争中坚持播音并不断走向胜利的战斗轨迹。研究还引用大量翔实的宣传案例，揭示延安（陕北）台的顺利转移，是中国共产党宣传战线上取得的一次重大胜利。在党中央的关怀和指导下，延安（陕北）台的持续广播一方面粉碎了国民党反动派妄图掐断人民喉舌的阴谋，另一方面鼓舞了解放区军民和全国人民为争取更大胜利而奋斗的信心和决心。比如陕北台首次对陕北战场第一次大捷——青化砭大捷的播报，通过邯郸、晋察冀和东北新华广播电台的转播和其他解放区党报的抄录和刊登，使青化砭大捷的战报瞬间传遍长城内外、大江南北。

3. 对延安广播的专题研究

赵玉明于1984—1985年，以"史光"的笔名在广播电视部地方广播局《广播电视战线》上发表的"延安（陕北）新华广播电台专题史话"系列文章，从延安（陕北）台初期的宣传工作、节目设置（包括专题节目、文艺节目、对国民党军广播和"广播战"等）、听众工作、规章制度、业务刊物等多个方面，全方位地介绍了延安（陕北）台的制度建设、宣传特色和传播效果。后大部分收入赵玉明本人所著《中国广播电视史文集》，1993年由中国广播电视出版社出版。

赵玉明的《新华社在革命战争年代的语言广播》原为纪念新华社成立50周年而作，梳理了新华社口语广播的创建和发展，指出延安（陕北）台的历史是新华社整个历史不可分割的一部分。

《延安新华广播电台和重庆〈新华日报〉》是赵玉明1978年发表在《新闻战线》上的研究文章。文章主要挖掘了中国共产党在国统区公开发行的唯一大型日报《新华日报》，配合解放区第一座广播电台延安台展开宣传攻势、瓦解敌军意志、积极争取受众方面的典型史料，还原了延安台和《新华日报》在宣传战线上互相配合、并肩战斗、成绩卓著、影响深远的光辉历史。

（三）关于解放区广播历史的系统研究

解放区的广播开创了人民广播的先河。比之民国时期其他性质的广播事业，解放区广播事业是一项崭新的事业。在革命战争年代成长起来的解放区广播，为抗日战争和解放战争的胜利做出了重要贡献，形成了自己优良的传统，并在实践中培养了人民广播的第一批编播技术人员，为中华人民共和国广播事业的发展奠定了基础。因而，对于解放区广播历史的研究具有重要的学术价值和现实意义。

解放区广播历史的研究工作经历了曲折的道路。在战争年代，限于当时的历史条件，很难进行研究。中华人民共和国成立以后，20世纪50年代末、60年代初和70年代初，解放区广播历史的研究工作曾经两次起步，但都因受到"文革"等社会政治运动的冲击而陷于停顿。直到党的十一届三中全会之后，解放区广播历史的研究工作才得以顺利进行。1980年秋天，广院组织的延安（陕北）新华广播电台历史考察活动标志着解放区广播历史研究的新起点。此后的10年间，赵玉明对于解放区广播历史的研究以对延安（陕北）台的研究为基础，扩展到整个解放区。他参与召开解放区广播史讨论会，参加解放区广播史研究组，并任组长；主编和发表了一批关于解放区广播史的书刊和文章，其中包括以广院新闻系名义编印的五本《中国广播史料选辑》、中国广播电视出版社出版的《解放区广播历史资料选编》等；为《当代中国的广播电视》《中国大百科全书·新闻出版卷》撰写有关解放区广播的章节和条目。将解放区广播写入《中国现代广播简史》，并主编了《中国解放区广播史》，标志着赵玉明对解放区广播史研究的成熟。

《中国解放区广播史》于1992年由中国广播电视出版社出版，全书记载了解放区第一座广播电台延安新华广播电台自创建以来，从1940年至1949年解放区广播创立、发展、壮大的历史轨迹。全书按照不同的历史阶段分为五章，第一章为解放区广播的开端，第二章为抗战胜利后解放区广播的发展，第三章和第四章分两章介绍了解放战争时期的解放区广播，第五章为迎接历史新时期的人民广播。全书系统介绍了解放区广播发展壮大的历史过程，真实、准确地反映了解放区广播的历史面貌。该书由赵玉明主编，杨春荣和哈艳秋任副主编。赵玉明负责全书的筹划和组织工作，并执笔撰写了前言及附录，哈艳秋作为主要执笔人，撰写了全书五章，编写组其他成员提供各自分工负责地区的解放区广播历史资料。杨兆麟审阅全部书稿。当年延安（陕北）台编辑部主任温济泽为该书题写书名。

《中国解放区广播史》是国内关于解放区广播史研究的第一本专著，它的出版标志着解放区广播史研究的系统和深入。另外，赵玉明论述了毛泽东、周恩来、刘少奇、陆定一与广播电视的关系，体现了党中央对解放区广播的亲切关怀和具体领导；在《早期的人民无线电事业》一文中探究了解放区广播的无线电技术渊源；在《陕北新华广播电台编播往来书信选注》一文中提供了研究中国共产党新闻事业史难得的一手资料，同时反映了陕北台艰苦奋斗、团结互助的革命精神，以及编播方面严肃认真、一丝不苟的工作作风。

至此，论述与考证相结合，把史学思想建立在考辨求实的学术基础之上，赵玉明完成了对解放区广播研究的全方位、立体式的探索。

三、赵玉明解放区广播研究的价值与贡献

赵玉明研究解放区广播历史本身的同时，试图通过专深的学术研究来总结和传承解放区广播的优良传统，这与那些为了某种政治目的而径直建构思想体系的思想家显然不同。赵玉明把史学的经世意识建立在客观实证性的历史研究的基础之上，具有丰富的思想内涵。

赵玉明的《在承德广播史座谈会上的发言》中系统总结了研究解放区广播史的意义，也反映了他从事解放区广播史研究的一部分心得：一是继承和发扬人民广播的光荣传统；二是探讨和总结解放区广播的历史经验；

三是丰富和充实中国广播史的内容。赵玉明认为，将解放区广播史研究充分，不但可以丰富和充实中国广播史的内容，同时对于一些地方史志的编写也甚有裨益。

（一）探讨人民广播的历史经验，传扬人民广播的优良传统

赵玉明认为，研究解放区广播史，首先就要探讨人民广播光荣传统的形成过程，分析它的具体内容，并阐明在新的历史时期如何使人民广播的光荣传统发扬光大。同时，革命战争年代办广播的正反两个方面的经验，只要总结得实事求是、恰如其分，对办好新时期的广播仍有可借鉴、参考之处。赵玉明通过参与筹备延安广播史展、积极组织为"老广播"树碑立传、参与开办培训班，将人民广播的经验总结出来，同时将人民广播的精神在社会上传扬开来。

1. 三次参与筹备延安广播史展——解放区广播史开始被人们了解

1965年，中央广播事业局为纪念中国人民广播事业创建20周年筹备了一个展览，其中广播史部分由赵玉明牵头负责。为了做好这部分展览，赵玉明首先到中央广播事业局办公室了解展览的总体设计以及对广播史部分的具体要求；同时向身边的"老广播"温济泽等请教展现他们当年艰苦创业的方法；然后，赵玉明反复查阅保存下来的延安（陕北）台的广播稿件和有关材料，从中选取适合展出的内容。最后展出的广播史部分，突出了党的第一代领导核心对人民广播的关怀和指导；突出了延安广播艰苦卓绝的创业和成长历程，以及广播宣传在解放战争中发挥的重大作用。

1970年，赵玉明第二次参与中央广播事业局筹办的延安广播展览。虽然从指导思想和总体上来说，这是一次不太成功的内部展览，但这次展览征集到一批有历史价值的广播文物和回忆史料，在一定程度上反映了延安

广播艰苦创业的战斗历程；同时，从革命报刊和国民党档案中发现了一批有关延安（陕北）台的珍贵资料；这次展览实际上也为后来延安方面重提筹备新闻出版革命纪念馆做了事实上的准备。[①]

1985年，赵玉明参加了延安清凉山新闻出版革命纪念馆新华广播电台部分的筹备工作，具体负责筹建展览和编印史料的任务。由于之前两次办展览积累了丰富的经验，这次广播部分的展览内容充实、展品丰富，再现了延安时期人民广播事业和老一辈广播人艰苦创业、战斗成长，为夺取抗日战争和解放战争胜利而奋斗的历史进程。

通过这些展览，解放区广播史不再是书本上的"死"知识，而是走出了课堂，走出了广播电视系统，甚至走出了新闻界，开始被广大群众认识。

2. 积极组织为"老广播"树碑立传——传承历史，鞭策后人

为把老一辈广播人的创业事迹忠实地记录下来、流传下去，使之成为我国广播电视事业的"传家宝"，鞭策后人像他们那样献身人民广播电视事业，把有中国特色的广播电视事业办得更好，赵玉明参与了梅益、温济泽、周新武、左荧等"老广播"的相关纪念活动，并积极组织为他们编写和出版文集。

1999年，温济泽病逝后，赵玉明为缅怀他与温济泽近40年的广播情缘，写就《温济泽同志和广播电视史学研究工作》一文，后被收入方实、杨兆麟主编的《永远的怀念——温济泽纪念文集》。该文集由中国国际广播出版社于2002年出版。

2003年，梅益去世后，为了纪念这位老革命、老领导、"老广播"，赵

---

① 赵玉明.三次参与筹办广播史展览 传承延安广播优良传统［M］//中国传媒大学电视与新闻学院.新闻传播学前沿（2009—2010）.北京：中国传媒大学出版社，2011.

玉明开始参与《八十年来家国——梅益纪念文集》的征稿和编辑工作，并撰写纪念文章《梅益同志和广播学院的情缘》。一年后，赵玉明的博士生庞亮的毕业论文就是以梅益的生平和广播电视方面的业绩和思想为选题，并于2008年修订后定名为《声屏世界里的思想者——梅益广播电视宣传思想研究》，由中国传媒大学出版社出版。赵玉明为该书作序。

2002年，叶昭垲、李尚智、赵玉明主编的《周新武纪念文集》由北京广播学院出版社出版，赵玉明写的纪念文章《回忆老院长二三事》收录其中。2004年，广院决定编印一本纪念左荧的文集，赵玉明主持了《风范长存——左荧纪念文集》的征稿和编写工作。在这一过程中，赵玉明深入了解了左荧为人民解放和广播电视事业的发展，特别是为培育广播电视人才而不懈奋斗的革命人生，其追忆文章《一个有强烈事业心的领导者——追忆左荧同志》被收入该文集。

广院也因此得到了回报。梅益的子女将其生前1948—1996年的日记全部277册捐赠给学校博物馆，并于2014年10月24日签署捐赠协议。随后，梅益日记整理和研究小组成立，赵玉明担任指导工作。周新武也把他留存的从创刊号起50年的《新华月报》捐给了学校图书馆。左荧的后代把左荧留存下来的最早的《毛泽东选集》和广院最早的一批教材捐给了学校。

3. 参与开办培训班，宣扬解放区广播的经验与传统

"文革"结束后，各地广播电台先后恢复正常广播，从社会上吸收了大量知识青年参加编采工作，他们虽有做好广播工作的热情，但大都缺乏有关广播的基本知识，亟须短期培训。20世纪70年代末80年代初，广院新闻系在中央广播事业局和十多个省、自治区广播电视部门开办新闻短训班，赵玉明所讲的广播史是必讲课程之一。他的课程以延安广播艰苦创业的历程和人民广播的优良传统为主要内容。因延安广播的历史生动、具体，有位四川学员听后深受教育，还打算写成电影剧本。

也是在此之后，解放区广播的研究成果开始从课堂走进广播电视系统。

（二）丰富和充实中国广播史的内容

赵玉明对解放区广播史的充分研究，不但丰富和充实了中国广播史的内容，同时对于一些地方史志的编写也甚有裨益。

1986年6月12日至13日，赵玉明作为新闻系副主任兼广播史教研室主任，由其倡议召开的解放区广播史讨论会举办，这也是广院主办的第一次学术性讨论会，但该讨论会规格之高、成果之丰富，颇为罕见。

因为之前对解放区广播的研究，赵玉明和老一代的广播人建立了友好的关系。讨论会邀请到了延安（陕北）台和原张家口、东北、华东和西北新华广播电台的部分负责人和编播技术人员30多人。这其中有曾任和时任中央广播事业局局长李强（时任国务院顾问），副局长温济泽、左漠野、周新武，中央三台（中央人民广播电台、中国国际广播电台和中央电视台）负责人罗清、丁一岚、孟启予，北京市、陕西省广播电视局局长林青、武英，以及当年的编播技术人员王唯真、杨兆麟、刘衡、萧岩、麦风、钱家楣、齐越、傅英豪、毛动之和唐旦等。应邀到会的还有中国人民大学方汉奇教授以及新华社、总参通信兵史编委会、电子工业部编写史志的人员。[①]

时任广播电视部副部长聂大江、中宣部新闻局局长钟沛璋与会，广院的院长和副院长分别致开幕词和闭幕讲话。会议期间成立了解放区广播史研究组，第二年以此为基础组建了中国广播电视学会广播电视史研究委员会，有力地推动了解放区的广播研究。

原广院院长周新武曾是华东人民广播电台（前身为华东新华广播电

---

① 赵玉明.改革开放三十年来我校历史上的十个"第一"[M]//赵玉明.赵玉明文集（第一卷）.北京：中国广播影视出版社，2014：90-99.

台）的台长，他在退休之后，以史研学会的名义，和当年的老同事重访华东台旧址，主编《华东人民之声——华东新华广播电台、华东人民广播电台史实》，把战争年代华东新华广播电台艰苦创业和中华人民共和国成立初期华东人民广播电台开拓前进的史实以回忆录的形式记载下来。另外，在地方志里面涉及的解放区广播的相关同志也和史研会保持密切联系，互通有无，发扬光大。

这一时期，广院的广播史教学研究工作获得了新的进展，特别是在延安广播史的调查研究方面取得了突破性成果。中国人民广播事业创建纪念日更改后，中央人民广播电台组织了人民广播创建45周年纪念活动，赵玉明作为筹备组的副组长，参与拍摄延安（陕北）台战斗历程的电视片《人民广播风云录》，并承担编印纪念画册的部分工作。

目前，解放区广播史研究有了《中国人民广播回忆录》（四集），由陆定一题写书名，吴冷西作序，近百位解放区广播的创业人员和积极听众撰写了回忆录，生动、具体地反映了以延安（陕北）台为主的解放区广播艰苦创业的战斗历程。赵玉明还和中央人民广播电台合作出版了《解放区广播历史资料选编》、《延安（陕北）新华广播电台广播稿选》、《人民大众的号角——延安（陕北）广播史话》[1]和《中国解放区广播史》，摄制了反映延安广播历史的电视片《人民广播风云录》，参与了中央人民广播电台编印的人民广播创建45周年纪念画册。此外，受广播电影电视部的委托，赵玉明与广院新闻系完成了延安清凉山新闻出版革命纪念馆内的以延安（陕北）台为主的解放区广播陈列展览。[2]

此外，为使人民广播的光辉历程和优良传统进一步发扬光大、传承下

---

[1]　该书由赵玉明主编，实际主要由哈艳秋和地方广播负责史志的同志编写。

[2]　赵玉明. 近几年来中国广播电视史志研究工作的进展和"七五"期间研究规划的设想（摘要）[M]//赵玉明. 赵玉明文集（第二卷）. 北京：中国广播影视出版社，2014：514-519.

去，并使之走向社会，广播电视史研究委员会积极与山西人民广播电台、延安地区广播电视局、山西省广播电视厅以及山西电影制片厂等有关单位合作，先后制作、播出和上映了再现延安（陕北）台广播历程的广播专题节目《划破夜空的灯塔》、电视剧《号角》和电影故事片《声震长空》。赵玉明以解放区广播史教学研究工作者的身份为这些作品的主创人员提供了部分史书、史料和音像资料以及有关线索，并对作品提出修改建议，还参与了《划破夜空的灯塔》的部分录制工作[①]，并撰写了评论文章刊于《中国广播》。

概言之，赵玉明对解放区广播的研究经过了20世纪60年代初期的缓慢起步、"文革"期间的曲折前进、"文革"之后的恢复成长和80年代之后的走向成熟。通过赵玉明等学者的不断探索研究，解放区广播史从无到有，并在原来的基础上丰富了起来。赵玉明在对解放区广播的研究中积累了丰富的史料，并且初步形成了关于解放区广播的基本思想和论断。在这期间，赵玉明还养成了实地调查研究、随时随地注意搜集史料的习惯，这对他后来的研究影响深远。对解放区广播的研究真可谓赵玉明广播电视史学研究的"重要出发点"。

第二节 《中国现代广播简史》——引起关注

《中国现代广播简史》（以下简称《简史》）是赵玉明的首部学术专著，是在《中国广播简史（初稿）》的基础上增补、改写而成。初稿曾于1981—1982年在《北京广播学院学报》（后改名《现代传播》）上连载，

---

① 赵玉明.以创新精神再现延安光荣传统——广播专题《划破夜空的灯塔》听后［M］//赵玉明.赵玉明文集（第一卷）.北京：中国广播影视出版社，2014：202-205.

"可能是由于连载稿第一次对中华人民共和国成立以前的中国广播历史的发展过程做了比较系统、扼要叙述的缘故，它引起了广播界的前辈、中国新闻史的教研人员和关心广播史研究工作的同志的重视"[①]。

方汉奇为《简史》作序称："《中国现代广播简史》就是他（赵玉明）多年来从事广播史教学研究工作的结晶。这部《简史》是中国历史上第一部比较系统、全面地记述1923—1949年间中国广播事业发展的专著。尽管它在探讨广播事业发展规律、总结广播历史经验等方面还有不足之处，但是它的公开出版毕竟填补了中国广播史研究的空白，丰富了中国新闻史的内容，同时也给广大文化战线、新闻战线和广播战线的工作者和正在从事广播专业学习的青年学生提供了一部了解中国广播历史的重要参考书和教材。我相信每一个关心中国广播历史的人，都可以从作者的这部专著中得到一定的启示和教益。"[②]

其实，在赵玉明的《简史》诞生之前，力图将中国广播事业发展历史系统地编写成书的构想就已出现。那么，为什么赵玉明的《简史》成了"中国历史上第一部比较系统、全面地记述1923—1949年间中国广播事业发展的专著"？他是什么时候产生了编写广播史的想法，又是在什么样的历史背景和历史环境下将梦想变为现实的？这本《简史》对广播史学有着怎样的贡献？对赵玉明本人又有着怎样特殊的意义呢？

一、《简史》诞生的背景

（一）广播事业的蓬勃发展，推动了广播历史的整体研究

我国的广播事业从1923年第一座民办广播电台开始播音算起，到《简

---

① 赵玉明.中国现代广播简史［M］.北京：中国广播电视出版社，1987：269.

② 陆原.厚积薄发 存真求实——评赵玉明《中国现代广播简史》［J］.中国广播电视学刊，1990（4）：61-63.

史》出版前的1986年只有60多年，和当时长达1200多年以报刊为主的中国新闻事业历史比较起来，只是短短的一瞬，但是广播的发展速度很快。20世纪20年代中期，全国只有寥寥几座外国人办的、我国官办的和民营的广播电台，"收听器"也不过数千，听众也只有万余。经过了一个甲子的发展，到20世纪80年代中期，据1986年底的统计，全国已有278座各级广播电台，各类发射台和转播台830多个，县市广播站2560座，收音机的社会拥有量达到25390万台，平均每4个人就有一台。广播的电波传遍了祖国大地，深入千家万户，直接影响着数亿人的学习、工作和生活。其发展之迅猛，影响之深远，大大超过了包括报刊在内的其他任何传统的新闻传播手段。[①]

随着广播事业的蓬勃发展，我国广播史的研究工作也很自然地被提到日程上来。当时，广播史已经成为中国新闻事业史的一个重要组成部分，广播史的教学研究同样也成为新闻史教学和研究工作中的一个重要内容。没有广播史的新闻史，已经不算是一部全面、完整的新闻史。这是赵玉明《简史》出版的重要背景。

（二）改革开放后对广播史教研工作的重视，促进广播史研究逐步系统深入

改革开放后，广播史的教学和研究工作走上正常轨道。之后，在广播事业领导机关和广播系统老同志的关怀和支持下，广播史的教学和研究工作受到了应有的重视。由于广播电影电视部组织撰写《当代中国的广播电视》一书，中国广播史的研究和撰写工作再次引起广播系统内外有关单位的普遍重视，并取得了比较显著的成绩。从1983年7月中国广播电视史座谈会到1986年6月解放区广播史讨论会的3年间，先后出版和发表的有关

---

① 方汉奇.《中国现代广播简史》序［M］//赵玉明.中国现代广播简史［M］. 北京：中国广播电视出版社，1987.

中国广播的论著、书刊和文章无论在数量上还是质量上都超过了党的十一届三中全会以前的30年。

这一时期，随着"文革"的结束，对民国时期其他性质的广播的研究也取得了一定的进展。1985年，陈尔泰、丛林的《哈尔滨（广播）电台史话》（内部编印）中，从中国人办的第一座广播电台起，记录了哈尔滨广播事业20多年曲折发展的进程。中国现代广播史料的搜集、汇编工作，由于时间跨度较大，且资料又散见于各类档案和报刊中，进展缓慢。除解放区广播史料有专著问世外，当时仅出版了《旧中国的上海广播事业》。上海是我国无线电广播事业的发源地，也是旧中国广播电台的最大集中地。《旧中国的上海广播事业》选辑1923—1949年中外文档案、报刊史料500余件，计50余万字，具有较大的史料价值。1986年成立的中国广播电视学会专门设立了广播电视史研究委员会来统筹规划中外广播电视历史的研究任务，这对于进一步推动中国广播史的研究工作和提高研究水平，有着重要的积极意义。[①]

赵玉明从20世纪50年代末起，就从事广播史的教学和研究工作，也是这些活动的积极参加者。长期以来，他在中国广播史这块园地上勤奋耕耘，取得了初步的成果。《简史》就是他多年从事广播史教学和研究工作的结晶。

（三）广院撰写广播史教材的最初尝试，为教研工作打开了思路

广播史作为一门新兴学科，有自己的课程体系，却一直没有可以借鉴的教材。广院成立之初，新闻系的三位"老广播"曾为撰写中国广播史教材做过最初的尝试。第一位是时任新闻系副主任兼广播史教研组组长的康荫。康荫1958年从中央高级党校新闻班毕业后，参与筹建了中央广播事

---

① 赵玉明.中国现代广播简史［M］.北京：中国广播电视出版社，1987：270.

业局业务研究室，并担任该研究室副主任。从那时起，他就开始着手搜集中国广播史料，撰写文章发表在《广播动态》和《广播业务》等刊物上。"这是我国最早比较系统地研究包括解放区广播史在内的中国广播历史的一批专文。"①另外，他还曾编写一部中国广播史初稿，但在后来的"文革"中丢失了。第二位是时任广院广播史教研组副组长的张纪明。作为中华人民共和国最早的一批广播史教师，他在主持新闻系广播史的日常教学工作期间，曾邀请地方台的一批老编辑分工编写中国广播史稿，但未及打印，就在"文革"中散佚。第三位是1960年到广播学院新闻系任教的温济泽。他先后主持编选了收录延安（陕北）台稿件的《陕北台广播范文选》和《广播稿选》。温济泽虽然没有直接提出编写中国广播史，但作为曾经的新华社语言广播部主任（延安台编辑部主任），他在实际的教学过程中力所能及地对从事广播史教学研究的赵玉明和其他青年教师给予指导和帮助。

这三位"老广播"虽然没有将编写中国广播史的构想变为现实，但他们的努力毕竟为中国广播史教学研究工作做出了基础性、开创性的贡献，对赵玉明后来编写广播史教材不无启发。

（四）教学需要是赵玉明编写《简史》的直接动因

赵玉明到广院任教的时候，广院刚刚升格为本科院校。当时，广播史的教学基本上是从零开始的。在这之前，新闻系没有系列教材，只有教学提纲、参考书。作为刚刚毕业的大学生，从事广播史教学的赵玉明既缺乏教学经验，也没有足够的教学材料予以参考，面临着"巧妇难为无米之炊"的尴尬境地。

教学需要是赵玉明编写教材的初衷。为了完成广播史课程的教学任务，满足学生的教材使用需求，编写一部系统、完整的广播史教材成为赵

---

① 赵玉明.广播学院和广播电视史学建设［J］.现代传播（北京广播学院学报），1999（5）：15-18.

玉明心中亟待完成的梦。"我从1959年开始从事中国广播史教学工作起，就曾暗下决心，一定要编写出一本中国广播史来。"为此，赵玉明孜孜不倦地进行着学术探索。

赵玉明认为，办学第一是教师，第二就是教材，没有这两样是办不好学的。正是基于这番"编写教材"的考虑，赵玉明萌生了系统撰写广播史的想法。1986年，广院新闻系第一代具有广播电视特色的新闻学教材内部出版，共8本（其中之一为《简史》①），从理论、历史到业务，使新闻系的教学逐步发展起来。

二、《简史》的主要内容

《简史》有内部和公开两个版本，内部版本由广院新闻系于1986年内部出版，公开版本于1987年由中国广播电视出版社正式出版，后于1995年再次印刷，2001年第三次印刷。全书记载了无线电广播传入中国以来，从1923—1949年这26年间中国广播事业发轫、建立、发展、演变的历史轨迹。全书按照不同的历史阶段分为八章：无线电传入中国和早期的广播电台为第一章；抗战前中国广播事业的发展为第二章；抗日战争时期的广播事业分为上下两章，即第三章和第四章；抗战胜利后的广播事业为第五章；解放战争时期的广播事业分为上下两章，即第六章和第七章；旧中国广播的终结和人民广播的新发展为第八章。

综观《简史》全篇，按历史阶段和广播事业性质可以将其分为"旧中国广播史"和"解放区广播史"两大部分。具体包括外国人在华广播电台的建立；中国自办广播的出现；国民党时期官办及民营广播的盛衰；抗战

---

① 第二年，《简史》由中国广播电视出版社公开出版，至2001年共印刷三次。2009年起，赵玉明与艾红红将该书增补为《中国广播电视史教程》，由中国广播影视出版社出版。

时期日伪广播的形成衍变；中国共产党领导的人民广播事业的发展壮大；最后以旧中国广播的终结和人民广播的新发展收尾。

该书附录占了将近全书1/2的篇幅，这也是《简史》的一大特色，既反映了《简史》在占有史料方面的丰富多样，也反映了该书作者的厚积薄发。附录中的参考材料包括五个部分：第一部分至第四部分是解放区广播历史的有关文件、文章和资料；第五部分收录了广播电视部为庆祝中华人民共和国成立35周年发表的专文，从中可以了解中华人民共和国成立以来广播事业发展的概况。[1]

三、《简史》的学术价值和贡献

经过20余年的曲折奋斗，赵玉明终于实现了编写广播史教材的目标，对于个人来说，他实现了自己最初的梦想。对于新闻广播史学研究和教育来说，更重要的则在于其学术价值和学术贡献。《简史》的出版标志着中国现代广播的历史正式"成史"，也标志着中国广播历史已经成为中国新闻历史不可分割的一部分。

（一）学术价值：首部现代广播史专著，填补学术空白

1987年，新闻史学泰斗方汉奇为即将正式出版的《简史》作序，对该书给予了这样的评价："这部《简史》是中国历史上第一部比较系统、全面地记述1923—1949年间中国广播事业发展的专著……它的公开出版毕竟填补了中国广播史研究的空白，丰富了中国新闻史的内容……"[2]

通过梳理广播史学研究的历史，追本溯源，不难发现，中国广播史研究的起步并不晚，其萌芽可以从20世纪20年代算起，但由于广播事业在此后的一段时间内并没有发展成独立的事业，我国广播史研究基本属于新

---

① 《简史》内部版本中附录有第五部分，公开出版的第一版中未收录。
② 赵玉明.中国广播电视史文集［M］.北京：中国广播电视出版社，1993.

闻史、交通史的附属品，更没有专著出版。中华人民共和国成立后，中国共产党领导下的人民广播事业不断发展，使人民广播事业发展史的研究也逐渐得到广播事业领导部门的重视，但由于政治等因素的影响，至改革开放前，广播史研究成果寥寥。能将自1923年中国第一座广播电台诞生至1949年中华人民共和国成立前夕的广播发展的历史集于一本著作当中，并且对该时期中涉及的中国广播事业的萌芽，官办、民营、外国人创办的广播事业以及中国共产党主办的人民广播事业等研究漏点予以补充和完善，将整个中国广播史发展脉络梳理清晰、填充丰满，使其自成一体，唯有赵玉明的《简史》，堪称"第一部"。[①]

另外，1927年戈公振的《中国报学史》被誉为中国新闻史研究的"开山之作"。此后很长的一段时期，中国新闻史的研究主要集中在中国报刊史的研究方面，或者说中国报刊史就等于中国新闻史。但广播作为新闻事业不可分割的一部分，其历史发展也理应成为新闻史研究的一部分。赵玉明《简史》的出版不仅仅丰富了中国新闻史研究的内容，更是另辟蹊径，开辟了广播史研究独立发展的道路，拓宽了中国新闻史研究的领域。[②]这对于当时的中国新闻史研究来说无疑是一次重大的开拓，其学术和历史意义不言而喻。

（二）学术影响：研究成果引起广播史学界和业界重视

《简史》是在《中国广播简史（初稿）》的基础上增补、改写而成的，初稿曾于1981—1982年在《北京广播学院学报》上连载，"它引起了广播界的前辈、中国新闻史的教研人员和关心广播史研究工作的同志的重

---

① 李晓光.赵玉明55年广播电视史学道路研究［D］.北京：中国传媒大学，2014.

② 李晓光.赵玉明55年广播电视史学道路研究［D］.北京：中国传媒大学，2014.

视"①。1983年5月，全国新闻系统高级职称评审委员会将《中国广播简史》列入全国新闻系统测试参考书目。后来，全国高等教育自学考试委员会新闻专业委员会也将该书列入中国新闻史课程的参考教材。1990年，《简史》获中国广播电视学会"首届全国广播电视学术著作"二等奖。

本章前面也提到，在赵玉明之前，也有一些"老广播"和地方电台从事广播史研究的人，但他们都并非以专门研究广播史为业。中华人民共和国成立后，专业的广播史研究活动肇始于广院。赵玉明到广院执教后，专门以"教书科研"为业，从当时的时代背景、现实条件和实际工作需要等方面考虑，中国共产党领导的人民广播事业也必然要成为史学研究的主要内容。赵玉明便选择以解放区广播史的研究作为突破口，并将解放区广播史的发展历程系统、完整地写入《简史》。

在《简史》之前，也有一些研究成果。如21世纪初发现的燕京大学新闻学系毕业生殷增芳《中国广播无线电事业》（1939）、赵泽隆《广播》（1946）、王存鎏《广播事业研究》（1949）、庚赓《广播电台的编辑工作》（1951）4篇毕业论文，就是关于广播研究的学术论文。他们针对中国广播发展的"新问题"，运用研究"新材料"，对广播进行深入研究，撰写毕业论文，体现出学术的敏锐性、规范性和创新性，具有重要的学术价值。②但因为是学生论文，没有向社会公开，影响并不大。

另外，还有一部与《简史》同年出版的《当代的中国广播电视》（上、下册），主要介绍中华人民共和国成立后广播电视事业的发展历程。该书是广播电视系统主持的集体编著，由左漠野主编，赵玉明参加了该书上册有关"旧中国广播事业"和"人民广播的诞生"部分的撰写工作。

---

① 赵玉明.中国现代广播简史［M］.北京：中国广播电视出版社，1987：269.
② 摘自邓绍根《燕京大学新闻学系广播学术研究探析——学士学位论文的视角》一文，来源：艾红红，庞亮.广播电视学学科建设——历史、现状与未来［M］.北京：中国广播电视出版社，2018：221.

显然，相对于某个阶段、某个地区或者某个类型的广播史研究，综合性广播史研究侧重于宏观视野，打破时空和类别的限制，对广播事业的发展进行全景式的研究，难度无疑更大，学术价值更高，学术贡献也就更大。改革开放后，赵玉明抓住契机，以专著《简史》引起学界反响，标志着中国现代广播史研究取得了阶段性的成果，也为当代中国广播史研究做了铺垫。[①]

（三）学术贡献：积累了丰富翔实的广播史料

《简史》虽称"简"史，一样离不开丰富翔实的史料。20世纪80年代初期，赵玉明开始构思中国现代广播史的框架，但为此进行的史料搜集则是自他从事广播史教学工作那一刻就开始了。赵玉明在完成《简史》的正式出版后，曾感叹："我从1959年开始从事中国广播史教学工作起，就曾暗下决心，一定要编写出一本中国广播史来，为了这个目标竟然曲折奋斗了20多年，才成为现实。"[②]

史书的撰写首先要做好史料的搜集工作，才能为以后的研究和撰文打下基础。《简史》因为时间跨度大，再加上民国时期中国战乱频仍，广播媒体稍纵即逝、不易保存等特点，使得广播史料的留存本身就比较少，搜集、整理史料的工作尤为复杂和艰辛。

综观《简史》全篇，按历史阶段和广播事业性质划分可以大致将其分为"旧中国广播史"和"解放区广播史"两大部分。前面一章我们已经系统论述了赵玉明在"解放区广播史"资料搜集方面的范围、方法和研究成果，这里就不再重复叙述。对于"旧中国广播史"，因其年代更为久远，

---

① 李晓光.赵玉明55年广播电视史学道路研究［D］.北京：中国传媒大学，2014.

② 赵玉明.声屏史范探索录（二）——回忆与访谈［M］.北京：中国传媒大学出版社，2007：14.

物虽在，人已不存，其史料皆为遗留下的记载、实物等"死材料"，需要通过到图书馆、档案室查找旧时藏书的记载、编印广播史料集等方式查找并整理。对于这些材料的搜集，赵玉明尽量多翻报刊，遇到同自己专业有关的史料就亲自摘抄记录下来。

身为教师的赵玉明除了完成校内的教学任务外，还利用业余时间奔赴全国各地，为当地的新闻采编人员讲授广播史课程。也正是利用这些外出的机会，赵玉明翻阅、查找了大量的历史档案和有关报刊，掌握了丰富的史料。他的足迹遍布北京、上海、南京、浙江、武汉、辽宁、四川等地的图书馆、档案馆，获得了不少广播文件和广播电台的珍贵史料。此外，他还调查、访问了曾参加国民党广播电台工作的有关人员，并注意汲取其他史学研究者、史志工作者的研究成果，分别从黑龙江、上海、吉林、山东、江苏和四川等省市编纂的广播史志、研究成果中增补、订正自己的著述。

兼容并蓄，赵玉明为《简史》积累了丰富的历史资料，并花费了极大的心力进行归纳梳理。据赵玉明回忆，进入20世纪80年代初期，赵玉明就开始着手分类整理已有的广播史料，并开始征集解放区广播回忆录，不断补充新的广播史料。在1987年出版的269页的《简史》中，附录中赵玉明精选的参考资料就达116页之多。可以想见，这与赵玉明占有的全部史料相比，也不过是九牛一毛。

正如方汉奇在《简史》序中所言，这些丰富、翔实而珍贵的广播历史资料，在当时不仅为广大文化战线、新闻战线的工作者和正在从事广播专业学习的青年学生了解中国广播历史提供了重要参考，而且"每一个关心中国广播历史的人，都可以从作者的这部专著中得到一定的启示和教益"。

概言之，《简史》与赵玉明互相成就了对方。虽然赵玉明后来曾自谦："他（指方汉奇）把《简史》称作'专著'，实在是过誉之言。论字数，《简史》不过10多万字，只不过因为它是第一部，是填补专业史的空白之作，所以才引起新闻史学界和广播电视系统的重视和好评。"但显然，《简史》填补了中国广播史研究的空白，使中国现代广播历史第一次独立成史，这是当时的赵玉明也是《简史》对新闻和广播史学的重大贡献。

第三节 《中国广播电视通史》——"集大成者"

十年磨一剑，只为豁显历史真实。2004年，赵玉明主编的《中国广播电视通史》（以下简称《通史》）出版。这是一部由赵玉明主编，汇集多位广播电视史学界和业界的专家学者共同撰写，历经10余年精心而成的一部大型历史著作。该书系统地梳理和剖析了中国广播电视事业自诞生伊始至20世纪末的发展历程，"是迄今国内涉及最为全面、时间跨度最长的一部广播电视史学专著"[①]。正是这部在广播电视史学领域前无古人、后难有来者的著作，确立了赵玉明难以撼动的学术权威地位。该书还先后荣获第四届中国高校人文社会科学研究优秀成果二等奖、第五届吴玉章人文社会科学奖一等奖。

方汉奇评价《通史》堪称巨构。"这部专著的编写工作，起始于1990年，全书分上下两卷，共65万字，内容从中国早期的广播事业、抗战前的广播事业，一直写到当代的广播电视事业，涵盖了大陆和港澳台。有关的资料截止于2000年。上卷出版于2000年，下卷出版于2004年。成为广播电视史研究的一部集大成的专著，深受学术界的重视。"[②]

---

① 范晓晶.十年磨一剑 原创显特色——访《中国广播电视通史》主编赵玉明教授［J］.现代传播（中国传媒大学学报），2004（3）：42-44.
② 方汉奇.1949年以来大陆的新闻史研究（二）［J］.新闻与写作，2007（2）：32-37.

这部集大成的著作，赵玉明是在什么样的情况下酝酿并编成的呢？《通史》在同时期的广播电视史学研究中具有什么样的特点？对于广播电视史学研究做出了什么样的贡献呢？

一、《通史》编撰的背景

2004年《通史》出版之时，赵玉明曾接受广院博士生范晓晶的专访，感叹《通史》完成的整个过程，从最初的酝酿到最后的完成，前前后后用了漫长的17年。也就是说，在《通史》出版17年前的1987年，赵玉明就有了主编《通史》的想法。那么，在1987年究竟发生了什么，能够催生他即使"殚精竭虑"，也要编成《通史》的想法呢？

（一）直接原因：《中国新闻事业通史》的启迪

赵玉明作为方汉奇教授的学生，一生追随方汉奇从事研究和著述。《通史》的编撰便是受到方汉奇组织编撰《中国新闻事业通史》的启发。

1987年，中国人民大学方汉奇教授开始牵头规划编撰《中国新闻事业通史》。1988年，该课题被批准成为国家社会科学基金"七五"重点项目。赵玉明作为广播电视史方面的专家参与了规划，后又被列为该书编委之一，负责撰写现代新闻史中的广播部分。《中国新闻事业通史》（三卷本）于1999年全部出齐，其"篇幅之巨大、内容之丰富、材料之厚实、建构之完整，都是同类著作中所未有的"，被誉为"中国新闻史学成果的集大成者"。虽然该书力求翔实反映中国新闻史的发展历程，但在赵玉明看来，很多属于广播史上十分重要的事情，以及最好能够展开来讲的内容，由于受该书篇幅和内容所限，都不得不割舍。当时担任中国广播电视学会史学研究委员会主任委员的杨兆麟，作为编委并负责撰写当代广播电视部分，也有同样的感受。因此，两人在经过一番交流和商榷之后，产生了撰写广播电视通史的设想。

（二）内在动力：弥补《中国现代广播简史》的缺憾

1987年，赵玉明《中国现代广播简史》（以下简称《简史》）出版，填补了中国广播史研究的空白。但在时间上，《简史》只是论及1923—1949年中华人民共和国成立前的广播历史，而中华人民共和国成立后，尤其是改革开放以来，广播事业飞速发展，在广播的基础上又出现了电视，亟须写入史书当中。另外，在论述上，《简史》长于描述，但对广播电视事业发展规律的论述还尚未成熟。这部广播电视史研究著作"在探讨广播事业发展规律、总结广播历史经验等方面还有不足之处"。

就这一时期的广播电视史学研究来说，虽然已出版了一部分如《中国解放区广播史》《当代中国的广播电视》《中央人民广播电台简史》《中央电视台发展史》《中华人民共和国广播电视简史》，以及各地编写的广播电视史志等一系列各具特色、成绩斐然的广播电视史学著作，但从总体上看，这些著作都属于断代史、专题史和地方史的范畴，覆盖面不完整。

为了弥补这些不足，赵玉明决定重新编撰一部宏著，这就是后来的《中国广播电视通史》。因此，《通史》除了是对中华人民共和国成立后中国广播电视事业发展研究的补充，也是赵玉明对待广播电视研究精益求精的价值追求。①

（三）现实可能：丰富的广播史研究成果和人才资源

改革开放后，我国的广播电视事业如同其他各项社会主义事业的发展一样，出现了蓬勃发展、欣欣向荣的景象。为了适应总结历史经验和开创广播电视工作新局面的需要，中国广播电视史志研究工作迅速开展起来，并逐步建立了老中青相结合、专兼职相结合的具有高中级职称的研究人员

---

① 李晓光.赵玉明55年广播电视史学道路研究［D］.北京：中国传媒大学，2014.

队伍。《通史》得以成书，主要得力于广播电视史研究成果的深化和人才资源的充实。1990年12月，由赵玉明主持的"中国广播电视通史"课题获审批准。这是广院第一个获得国家社会科学基金的项目。

1. 丰富的研究成果为《通史》的编撰打下坚实的史料基础

赵玉明在《通史》前言中，对当时的中国广播电视史志研究工作的主要成果进行了梳理。一是解放区广播史的研究起步早、成绩大，已经从搜集、分析史料逐步走向著书立说的阶段。二是现代广播史的研究获得初步成果。除了赵玉明的《中国现代广播简史》填补中国广播史研究的空白外，还包括汪学起、是翰生对国民党广播电台的研究，陈尔泰、丛林对中国人自办的第一座广播电台和哈尔滨广播事业的研究，以及上海市档案馆等对旧中国上海广播事业的研究等。三是当代广播电视史的研究成绩显著。自20世纪80年代起步后，出现了一批著作、史料集、年鉴等研究成果。四是各具特色的地方广播电视志为深入研究中国广播电视史提供了丰富的第一手材料。另外，广播电视系统的专门史、部门史以及广播电视人物研究开始起步，广播电视史学方面的研究文章也越来越多。

这一时期，中国台湾地区在广播电视史方面的研究工作也取得了相当的进展。这些都为《通史》的编撰提供了丰富的史料基础。

2. 汇聚史学会众人之力使《通史》编撰成为可能

1987年，当时的杨兆麟和赵玉明分别担任中国广播电视学会史学研究委员会（以下简称史研会）的会长和副会长。1997年起，赵玉明开始担任史研会会长。自一开始，他们便酝酿通过史研会组织广播电视系统有关同志着手编写《通史》。①

1990年12月，由赵玉明主持的"中国广播电视通史"课题获审批准，

---

① 赵玉明.中国现代广播简史［M］.北京：中国广播电视出版社，1987：270.

成为广播电视系统首次立项的国家社会科学基金项目，也是广院第一个获得国家社会科学基金的项目。1991年春，史研会在南京召开第二次中国广播电视史志研讨会期间，《通史》编委会成立，赵玉明和杨兆麟担任编委会召集人。编委会讨论了《通史》的编写提纲，确定了编写组成员名单及分工。按照编写组的分工，赵玉明执笔撰写《通史》上卷的初稿，其他人分别执笔撰写《通史》下卷各章的初稿。主编赵玉明和副主编戚庆莲（时为中央人民广播电台主任编辑、国家广播电视总局《中华人民共和国广播电视简史》编辑部主任）、哈艳秋（时为广院教师，中国新闻史学会理事，中国广播电视学会史研会理事）负责最后定稿。会后，编写组成员开始搜集资料，撰写初稿，其间举行过多次小型研讨会。1994年在福州举行的第三次中国广播电视史志研讨会，就《通史》下卷的初稿交换了意见。

二、《通史》的主要内容

《中国广播电视通史》以中华人民共和国成立为界线，分为上、下两卷，共十章，65万余字。这部专著的编写工作起始于1990年，上卷出版于2000年，上、下卷出版于2004年，成为广播电视史研究的一部集大成的专著。

《通史》起始于1923年中国境内出现的第一座广播电台，止于2000年，对20世纪中国广播电视的成长轨迹和重大史实做了全景式的描述和评价。

《通史》根据中共党史、中国革命史和中华人民共和国史的分期模式，将20世纪中国广播电视发展的近80年历史分为两大历史阶段、八个历史时期，并初步探讨了不同历史阶段和历史时期广播电视事业发展的特点，试图从中探索出广播电视事业发展的某些历史规律。

两大历史阶段，即民国时期的广播事业和中华人民共和国时期的广播电视事业，据此将《通史》分为上、下两卷。在上卷中，民国时期的广播事业依次分为中国早期的广播事业、抗战前的广播事业、抗日战争时期的广播事业和解放战争时期的广播事业，共四章。在下卷中，中华人民共和国时期的广播电视事业依次分为向社会主义过渡时期的广播电视事业、初步探索社会主义建设道路时期的广播电视事业、"文化大革命"时期的广播电视事业和社会主义建设新时期的广播电视事业（上、下），共九章。考虑到1949年以来中国香港、中国澳门和中国台湾地区广播电视事业的特殊情况，另立第十章专门加以叙述。

《通史》详近略远，每一章末尾都有一小段小结，上、下卷的书末也各有一篇结束语，主要是对每个历史时期广播电视发展的特点做简要的概括和评述，体系完整。

三、《通史》的学术价值和贡献

《通史》是迄今国内涉及最为全面、时间跨度最长的一部广播电视史学专著，也是迄今规模最大、涉及面最广的中国广播电视通史著作，被誉为"中国广播电视史学成果的集大成者"。《通史》篇幅之宏大、材料之厚实、内容之丰富、建构之完整，在同类著作中达到先进水平，是中国广播电视史研究的重大突破。

《通史》的学术价值和贡献不仅表现在它的突破性和原创性，也在于它的知识性和实用性。

（一）《通史》的原创特色

相比较同一时期的其他广播电视史学专著，《通史》在许多方面都体现了原创的特色，这本身也显示了《通史》的价值。

《通史》的原创特色首先体现在其历史的完整性上，是对广播电视的全景式描述。此前出版的广播电视史学著作如《中国解放区广播史》《当代中国的广播电视》《中华人民共和国广播电视简史》，以及各地编写的广播电视史志等，都属于断代史、专题史或地方史的范畴。而《通史》则突破了断代、专题和地方的概念，连贯地叙述了自1923年中国境内出现第一座广播电台以来，至20世纪末近80年的中国广播电视事业发展的历程，第一次对不同历史时期的广播电视事业的发展、宣传内容及其对当时社会的影响和作用做了全景式的描述。①

　　相较于一般史书按照历史发展的顺序进行编撰，《通史》一书在体例和章节设计上以纵向为主、横向为辅。全书的前八章是以广播电视事业诞生和发展的历史顺序纵向展开的。同时，上卷的第一章至第四章着重叙述民国时期不同历史阶段各类广播电台的兴衰历程及其在社会发展中所起的不同影响和作用。下卷的第五章至第八章以十多次全国性广播电视工作会议为主线，叙述了中华人民共和国成立以来广播电视事业曲折发展的历程和广播电视宣传对社会主义革命和建设的影响和作用。另外，根据改革开放以来广播电视发展的新特点和新形势，在社会主义建设新时期的广播电视事业部分专门设了第九章，从横向展开，分别叙述了新时期广播电视的法制建设，产业经营探索，教育、社团和研究工作，科技和工业，以及对外交流与合作等，力求将广播电视的发展融入各个时期政治、经济、文化发展的背景之中进行研究。这样纵横交错的设置，有助于立体地反映广播电视的方方面面。《通史》为了突出中国广播电视事业发展历程中的重要事件，还专门编写了《中国广播电视事业大事记（1923—2000年）》放入附录中。

　　相比于过去出版的广播电视史学著作几乎完全是依靠文字资料来陈述史实，《通史》中，史料的运用图文并茂。全书共用了100多幅多种形式

---

① 范晓晶.十年磨一剑　原创显特色——访《中国广播电视通史》主编赵玉明教授［J］.现代传播（中国传媒大学学报），2004（3）：42-44.

的图片资料，使得图片也同样成为陈述史实不可或缺的一部分，以补充文字叙述的不足，增强历史的可信性和可读性。这些珍贵的历史图片和示意图，基本上都是由赵玉明搜集、整理完成的。据他回忆，这些看似简单的历史图片，其来源过程并不那么轻松。插图中，一部分是为了便于读者理解文字内容，赵玉明根据有关史料自行设计的，比如涉及延安（陕北）台在抗战时期的转移路线示意图、国际台听众的来信示意图等。对于一些尚存的文物古迹，赵玉明就亲自到现场、博物馆等地专门组织拍摄，如延安王皮湾村"中国人民广播诞生地"纪念碑、陕北台在太行时期使用的广播发射机等。还有一部分是赵玉明从各类报纸、杂志上搜集来的。正是由于在平日做有心人，尽可能多地翻阅书刊报纸，注意保存珍贵资料，才达成了《通史》图文并茂的效果。

同时，《通史》将史学和实务紧密结合。关于广播电视史的研究不仅需要专门致力于广播电视史发展研究的学者的努力，还要有广播电视实务从业人员的协助。与一般的史书不同，在《通史》的创作群体中，除了来自学界的各大新闻院校教授，如哈艳秋、艾红红（时任山东大学副教授、博士）、袁军（时任广院教授、硕士生导师），还包括一些来自新闻业界、传媒机构的写作者，如陆原（原四川省广播电视局高级编辑）、马元和（原广播电视部外事司司长、国家广播电视总局驻香港记者站原站长），还有来自广播电视机构政府部门的同志，如戚庆莲等。这些作者群体的构成，实现了广播电视学界、业界以及政府机构研究的结合，也在一定程度上保证了《通史》的质量。

（二）《通史》的实用价值

日本学者村井宽志曾这样评述《通史》的实用价值："该书信息量非常丰富，作为一本通史，定会极大地助推今后的研究。尽管在1949年之前的阐述方面没有看到更多的运用档案史料的痕迹，但是该书全面介绍了正式刊行的各种文献，而且对研究史的介绍、书后的年表和文献目录都是非常有价值的。"①

《通史》分为上、下两卷，共十章，65万余字，是中国广播电视史研究中规模巨大、史料丰厚的一部著作，涉及广播电视的方方面面。在地域范围上，不仅着眼于中国内地，而且兼顾港澳台地区；在时间跨度上，从20世纪20年代中国早期的广播事业一直到当代的广播电视事业；在结构安排上，中国早期的广播事业约占全篇的1/30，旧中国的广播事业部分约占全篇的1/3，当代中国的广播事业约占全篇的2/3，基本体现了详近略远的原则。

《通史》吸收了中国广播电视史研究的新成果。全书在编写过程中，十分注意借鉴和利用前人在中国新闻史、中国广播电视史研究领域的最新研究成果，包括中外专家在该领域的最新成果。在借鉴前人的成果时，引文论据都尽可能地注明出处，注释力求翔实准确，引文力求意义完整，避免断章取义。对于一些有重大参考价值的材料，也适当置于注释之中，以供读者参考。同时，因为每个人分工撰写的部分都是自己熟悉和具有研究优势的领域，均能有所发现、有所深入，能够代表当时我国广播电视研究的水平。

以史为镜，可以知兴替，《通史》亦可资参考借鉴。作为一部全景式反映中国广播电视发展历程的著作，《通史》有利于广播电视新闻工作者、广播电视理论工作者和关心广播电视事业的读者更好地了解中国广播电视发展的历史，继承和发扬历史上广播电视的优良传统，借鉴和参考历史上各种广播电视宣传的经验教训，从而改进自身工作，更好地促进当今广播电视事业的发展。"该书可作为高等学校广播电视学、新闻学等专业的基础课教材，同时也是广大广播电视从业者一部必备的业务参考书。"②

---

① 据赵玉明提供材料，2006年3月，日本学者村井宽志在《战争·广播·记忆》（日本贵志俊彦等著，勉诚出版株式会社2006年3月出版）一书中对《中国广播电视通史》做此评述。

② 范晓晶.十年磨一剑　原创显特色——访《中国广播电视通史》主编赵玉明教授［J］.现代传播（中国传媒大学学报），2004（3）：42-44.

从引导后学致力于广播电视史研究来看，《通史》也可为其进一步深入研究指明方向。赵玉明始终认为学术研究是无止境的，学术研究和时代是共同进步的。"在新世纪之初，广播电视史还有许多的领域以及某个领域中的许多层面有待我们去探索，可以说，在广播电视史学方面还有许多荒地有待进一步去开垦，如广播电视断代史和个案的研究就很欠缺，如民国时期民营电台的研究、国民党广播事业的研究以及日伪广播事业的研究都有待深入下去。再如广播电视播音史、广播电视文艺史、广播电视广告史和广播电视经营管理史等专题史的研究也还大有可为。"[1]

概言之，赵玉明的《通史》不仅弥补了《简史》的遗憾，而且在吸纳《简史》的基础上进行了探索和创新，从全面性、知识性、创新性、典型性、权威性等方面来说，《通史》呈现了赵玉明广播电视史学研究最为辉煌的刹那。

第四节　组织研究及工具书编撰——延伸影响

赵玉明对广播电视史的研究取得了丰硕成果，丰富了教学内容和教材，在学界和业界产生了重要影响。但赵玉明并没有就此止步，而是通过推动广播电视史进入新闻史的研究视野和课堂，总结、汇编研究资料和成果，编撰系列专业工具书，筹建广播电视史学会和广播电视史研究委员会以汇聚合力、推动史志研究等，进一步扩大了广播电视史学的影响力，同时也延伸了赵玉明广播电视史学思想的影响。

---

[1]　范晓晶.十年磨一剑　原创显特色——访《中国广播电视通史》主编赵玉明教授［J］.现代传播（中国传媒大学学报），2004（3）：42-44.

一、参编教材，推动广播史融入新闻史教研视域

在大学新闻系开设广播史课，广院是首创。当时中国人民大学、复旦大学的新闻史课教学中是没有（或几乎没有）广播内容的，也很少有人研究广播，戈公振的《中国报学史》中关于广播的内容也只有一句话。20世纪80年代初，赵玉明到广西的新闻短训班讲课，恰巧广西大学梁家禄联合其他高校编写新闻史方面的教材，闻讯找到赵玉明，请他编写其中的广播部分。参加该书撰稿的还有暨南大学的钟紫、韩松。四人齐聚北京，商讨编书事宜，同时参加了中国社会科学院新闻研究所和北京新闻学联合会召开的中国新闻史研究与编写工作座谈会，听取对编写该书的建议和意见，并约请新闻所副所长、著名书法家谢冰岩题写书名，请方汉奇作序。这就是1984年出版的《中国新闻业史（古代至一九四九年）》，该书第一次将广播史纳入新闻史的范畴。

这之后，中国新闻史的教材和著作如《中国当代新闻事业史（1949—1988）》《中国新闻事业通史》等才逐步增加了广播电视史的内容，中国现代新闻史的内容也更加全面。

从1979年起，中国人民大学新闻系的中国新闻史课增加了广播史的专题；1983年，中国人民大学新闻系主办的高校新闻师资培训班教学开设了广播史教学的专题讲座；1984年，厦门大学新闻传播系开办之初，将广播史列入培训师资的内容。与此同时，中国社会科学院新闻研究所招收的新闻史方向硕士生的教学中列入了广播史的专题报告。1983年，全国新闻系统高级职称评委会编印的《全国新闻系统测试复习提纲》中，将《中国广播简史》列为参考书目之一。①

---

① 赵玉明.中国广播电视史教学的回顾和展望［J］.新闻春秋，2005（4）.

二、汇编史集、捐赠书刊、设立中心，方便后人研究查阅

赵玉明认为，史料在史学研究中的价值不言而喻，对史料的搜集、辨析、整理和出版也是历史研究的一种重要方法。赵玉明在史料的汇编方面做了大量的工作，为后来的学术研究储备了资源。

（一）出版史料集，以便广播史料的保存和利用

为了能够将散见于各处的广播史料保存下来，让更多的人看到、利用起来、发挥作用，"文革"前，赵玉明主持编印了《中国人民广播史资料》上册；改革开放初期，又编印了《中国广播史料选辑》（五辑），这些都是内部出版。20世纪80年代以后，赵玉明先后参与编印公开出版的广播史料有《中国人民广播回忆录》（四集）、《延安（陕北）新华广播电台回忆录新编》《解放区广播历史资料选编（1940—1949）》《延安（陕北）新华广播电台广播稿选》《旧中国的上海广播事业》；21世纪以来出版的有《中国现代广播史料选编》《日本侵华广播史料选编》《中国抗战广播史料选编》等。赵玉明与艾红红、刘书峰2016年主编出版的《新修地方志早期广播史料汇编》（上、下册），是关于民国时期广播史料的集大成之书。这些广播史料的搜集、整理和出版，为后学广播电视研究提供了基础性史料。

《中国人民广播回忆录》（四集）系广院新闻系编选，百万余字。从1981年开始组织稿源、筛选稿件，到四集全部出版发行，前后历时15年。全集共收录有关回忆文章223篇，反映了解放区广播事业的创办、发展及其影响和作用，为广播电视史学研究保存了大量鲜活的史料。

《中国现代广播史料选编》按照时间顺序，分为上、下两编，收录了从中国境内出现第一座广播电台到中华人民共和国成立前夕将近30年间极具代表性的广播史料。上编为北洋政府和国民党政府管理下的广播事业史

料，下编为中国共产党领导下的广播事业史料。全编系统而厚重，且入选史料大部分配有原件的复印件，真实生动，具有很高的学术研究价值。^①

（二）捐赠书刊，设立中国广播电视史志资料研究中心

为使积累的书刊资料发挥其应有的价值和作用，赵玉明还将从教50多年来搜集的有关广播电视史志书刊资料约8000多册（件）捐赠给广院图书馆，并利用上述书刊资料促成设立中国广播电视史志资料研究中心（以下简称研究中心）。艾红红教授称其为"中国广播电视史研究的宝藏"。据艾红红介绍，赵玉明将广播电视历史的教学和研究资料保存得非常完整。在研究中心对资料的整理过程中，她发现了赵玉明保存的最早的广院新闻系学生名单和教学大纲，以及赵玉明购买的民国时期的相关杂志和资料。尤其是20世纪50年代，中央广播事业局整理档案资料时拟当作垃圾处理的一批资料，被赵玉明抢救保存下来，这其中包括一些珍贵的原始书信。艾红红认为，这些宝贵资料反映了赵玉明对广播史料的观念和意识的敏感性，也有利于我们进一步丰富和提升关于广播电视史学资料的认知。据艾红红介绍，该研究中心的资料目前仍在整理中，尚未对外开放，但已有日本和我国多地相关专家对这些资料表示了浓厚的兴趣和期待。

自1995年从事中国广播电视史及新闻史教学以来，为适应教研工作需要，赵玉明搜集、购买和获赠了大批有关书刊。近几年来，除保留捐赠给学校的书刊外，赵玉明还将部分书刊捐赠给国家图书馆四次共计630多册。此外，他还多次向中国传媒大学图书馆和新闻学院资料室以及兄弟院校图书资料馆捐赠有关书刊。^②

---

① 李晓光.赵玉明55年广播电视史学道路研究［D］.北京：中国传媒大学，2014.
② 据赵玉明访谈时提供的、时未公开发表的《退休十年余热在》一文。

三、编纂工具书，为后学铺路

"工欲善其事，必先利其器。"赵玉明认为，学会和善于利用工具书是做学问的一项基本功。

我国编纂工具书的历史悠久，但到20世纪80年代中期，却还没有广播电视专业的专门工具书，这与蓬勃发展的广播电视事业和广播电视研究极不相称。在这种情况下，赵玉明对此做出了有益的尝试，并取得了不少成果。1989年，赵玉明参与主编的我国第一部广播电视专业工具书——《广播电视简明辞典》（以下简称《简明辞典》）出版，后增订为《广播电视辞典》（以下简称《辞典》）；1994年，赵玉明参与主编的《中外广播电视百科全书》（以下简称《全书》）问世，这是我国第一部全面、系统、完整反映广播电视专业知识的大型工具书；2000年，赵玉明主编的《中国广播电视人物词典》（以下简称《人物词典》）出版，作为我国第一部广播电视专业人物词典，记载了20世纪2000多位为创办和发展中国广播电视事业做出重大贡献的人物。这些工具书从不同侧面反映了我国广播电视事业发展的历程，填补了我国广播电视专业工具书的空白，而且这些工具书编纂权威、内容齐全、体例完备，具有较高的使用价值和学术价值。其中，《简明辞典》曾获中国广播电视学会主办的第二届全国广播电视学术著作评选二等奖，《全书》曾获广播电视部高校科研成果一等奖。

赵玉明对于广播电视专业工具书的贡献，不仅在于这些工具书的知识性、权威性和实用性，更具有意义的是他筚路蓝缕的开拓意义和首创之功。

赵玉明主编的这些工具书，大部分是他在其他领域参与编写与广播电视相关方面的工具书时，受到启发而编纂的，在当时的广播电视领域均属首次。赵玉明等编者急专业所急，知难而进，担负起填补空白的使命，花费数年时间，遍寻全国各地图书馆、档案馆、博物馆和资料室，使这些工具书得以完成，并成洋洋大观。这就足以看出他们的筚路蓝缕之功。

比如，《简明辞典》是我国第一部广播电视专业工具书。在此之前，出版过两本辞典，一本是《电视辞典》，另一本是《电影电视辞典》，但都只涉及电视，而不包括广播；之后又有《电视艺术辞典》《广播电视实用词典》问世，但有的发行量较小，有的内容偏窄。在这种情况下，《简明辞典》不仅是第一部广播电视专业辞典，而且长时期以来，还几乎是国内图书市场唯一的一部广播电视专业辞典。[①]《全书》是我国第一部广播电视专业百科全书，也是首次运用百科全书的形式载录广播电视学科的专业知识，集结了广播电视系统内外近百名专家、学者和有关人员辛勤耕耘2年、尽心竭力的新成果。《人物词典》是我国出版的第一部广播电视专业人物词典，除了知识价值和研究价值之外，它的首创价值无疑是它学术价值的重要体现。

另外，赵玉明主编的这些广播电视专业工具书，也有不少的突破和创新之处，值得关注和研究。一是栏目内容创新。《中国广播电视年鉴》（以下简称《年鉴》）筹备编纂之时适逢中国人民广播事业创建45周年。编委会决定在《年鉴》首卷（1986年版）的《概况》栏目首篇刊登康荫的《中国人民广播事业45周年》一文，简要回顾了人民广播（含电视）45年的历史和取得的成就；特设一次性栏目《历次全国广播工作会议简介》，系统地介绍了从1952年到1983年中央广播事业局、广播电视部先后召开的十一次全国性工作会议，包括会议召开的时间、地点、出席人员、主要内容等；作为《大事记》栏目的开篇，首先刊载了1936—1984年广播电视大事记，简要记载了从1936年开始筹建人民广播事业至1984年的大事，随

---

① 艾红红.追踪时代步伐 反映广电事业新貌——访《广播电视辞典》主编赵玉明教授 [J].现代传播（北京广播学院学报），2000（1）：51-54.

后单列 1985 年广播电视大事记。当时，赵玉明作为《年鉴》编委，应约撰写了《旧中国广播历史概况》一文，刊于首卷。1990 年版《年鉴》又新增《史志资料》栏目，专门刊登一些有价值的广播电视史资料。[①]

二是体例创新。体例是著作的编写格式，文章的组织形式。体例不仅是对词典外部格式的规定，而且是对词典内部构架的设计，还是词典编者自行设计的、在特定条件下向读者传递信息用的一种特殊语言。一般的人物词典多以姓氏笔画排序或拼音排序。而《人物词典》中的人物有 1/3 左右来自国家广播电视主管部门及其所属单位，是按部门来排序的；各省、自治区、直辖市的广播电视人物，则是按行政区划来排序的；最后是港澳台地区人物和早期广播人物。在各个部门和行政区划中又按照行政部门负责人、解放区广播工作者、知名人士和广播电视系统正高职称人员来排序。在《人物词典》最后，有按姓氏笔画排序的全书人名索引。这就是《人物词典》在体例方面的创新之处。

三是主体意识的回归。相比较《美国新闻史》对新闻史上著名报人、记者、评论员等文学传略式的介绍，在当时的中国新闻史和广播电视史研究中，主宰中国史学研究和史学叙述的模式依然是宏大叙事模式，不管是作为历史现场中的人还是作为历史叙述中的人，其行为主体的作用基本是被淹没的。赵玉明等显然也注意到了这一点，因此，《年鉴》中设有《广播电视人物志》栏目；《简明辞典》第一次在广播电视专业词典中列入有关人物 170 人；《辞典》新增广播电视人物近 200 人；《全书》收入有关人物 660 人。而第一部广播电视专业人物词典《人物词典》中，记载了 2000 多位 20 世纪中国广播电视事业创建和发展中具有广泛性、代表性和先进性的人物。他们是在历史现场的人，是历史事件的参与者和目睹者。他们的

---

① 赵玉明.我与《史志资料》栏目［M］//赵玉明.赵玉明文集（第一卷）.北京：中国广播影视出版社，2014：373-380.

在场与缺失，以及以何种方式在场，必然关系到历史事件。

目前，加强历史现场感，更真实、客观、鲜活、生动地反映中国新闻史的全景图，已成为广播电视史学界努力的方向。

四、筹建广播电视史研委会，推动全国广播电视史志研究

汇聚众人之力，开展协作研究，这进一步延伸了赵玉明的学术影响。赵玉明参与组建和领导学术团体，推动全国广播电视史志编修工作。

中国广播电视学会成立于1986年，广播电视史研委会是赵玉明最早组建的专业研究委员会之一。第一届、第二届会长为杨兆麟，副会长为赵玉明；第三届、第四届会长为赵玉明。广播电视史研委会把广播电视系统从事广播电视史志研究的人员都组织起来，进一步壮大了广播电视历史研究的力量。这些研究人员包括以中国传媒大学为代表的一批综合大学新闻院系中从事广播电视教学研究的教师；以国家广播电视总局、中央三台的研究机构、史志办为代表，包括一批省级广播电视局、台的研究室和史志办的研究人员；以中国广播电视学会学术部为代表的有关广播电视学术团体的研究人员。此外，还有中国社会科学院、部分省级社会科学院新闻研究机构中从事相关研究的人员，以及一些愿意从事相关研究的退休老同志。

中国新闻史学会是我国新闻传播学界唯一的全国一级学术团体。这一学术团体是在新闻传播史专家中国人民大学方汉奇、复旦大学宁树藩等的倡议下于1989年创办的，方汉奇为首任会长，赵玉明于2004年被推选为第二任会长。在他们的主持之下，不断开展协作研究，不仅促进了学科领域的深入研究，也在吸纳和培养后备人才方面发挥了重要作用。

概言之，赵玉明广播电视史学研究源于教学的实际需要，对解放区

广播的研究和《简史》《通史》等教材的出版，丰富了广播电视史的课堂，也奠定了广播电视成为独立学科的基础。同时，赵玉明通过参与编写《中国新闻业史（古代至一九四九年）》《中国新闻事业通史》等，推动广播电视史纳入新闻史的教研范畴；通过参与广播电视系统培训广播史的讲授，使广播电视史走出课堂，走进广播电视系统；通过参与筹备延安台的展览，使延安广播的精神在全社会产生影响。

纵向来说，赵玉明主持编撰的专业工具书也从不同侧面反映了我国广播电视事业发展的历程，填补了我国广播电视专业工具书的空白；赵玉明将研究过程中搜集和积累的史料编撰出版，比如《旧中国的上海广播事业》、《中国人民广播回忆录》（四集）、《日本侵华广播史料选编》等，使书柜角落里的一堆利用后"再无价值"的史料"废纸"重见天日，为后学的广播电视研究奠定了厚实基础；赵玉明通过筹备广播电视史研会，召开研讨会，把广播电视系统从事广播电视史志研究的人员组织起来，合力推动广播电视历史的深入研究。这些方面均显示了赵玉明广播电视史学为后学铺路的务实思想，延伸了广播电视史学的影响，也在客观上延伸了赵玉明的学术影响。

第二章　赵玉明广播电视史学观

赵玉明毕生从事中国广播电视史学研究，成果丰富，思想成熟。作为社会中的人，其思想必然打上时代的烙印。分析赵玉明的广播电视思想，必须将其思想放置于那个时代，在与同时代人的比较中，彰显赵玉明广播电视史学思想的特色。比如《简史》时期是赵玉明广播电视史学思想的初级阶段，从对广播历史具体问题的考察中，赵玉明实事求是的唯物史观得以体现。虽然，在这一时期，政治革命史对赵玉明的影响痕迹比较明显，具有政治色彩的视角深刻地影响了其对人物的评价、内容的取舍和历史阶段的划分，使得这一时期的赵玉明广播电视史学思想具有鲜明的时代烙印。但这丝毫不能掩盖赵玉明广播电视史学思想的光芒，"小荷才露尖尖角"，赵玉明的《简史》为后来的广播电视史学思想奠定了重要基础。

20世纪末，随着改革开放的深入发展和西方新闻传播学观念的广泛影响，赵玉明广播电视历史研究的观念不断进步，考察历史的角度有所调整，评价历史对象的重心开始转移，研究和记叙历史的方法也随之变化。赵玉明以此克服《简史》的不足，迎接时代的挑战，使广播电视史学获得新生，孕育出新的通史和专史。《通史》作为广播电视史学的一部"经过学术积淀的厚实之作"，在《简史》的基础上，既吸收了近年来广播电视史学研究的最新成果，又突出了广播电视自身发展的特色，是我国第一部完整的广播电视通史，较为集中和全面地体现了赵玉明这一时期的广播电视史学思想。可以说，治史严谨、论述系统、反映客观，总体上呈现出成熟、科学治史的新风貌，是《通史》的突出特征。它对夯实广播电视史学学科基础、规范和深化广播电视史学研究、推动广播电视史学研究的科学化都有着十分重要的现实意义。

而赵玉明关于广播电视史学的争鸣，尤其是关于解放区广播的争鸣思想比较具有特色，也从另一个侧面反映了赵玉明广播电视史学思想的成熟和自信，本章也将对此进行全面的梳理。

第一节　唯物史观下的广播电视发生史

史观对史学研究的重要性不言而喻，赵玉明对此非常重视。赵玉明认为，历史是一门科学，要在实事求是的原则下，力求还原其本来面目。也就是说，广播电视史学研究要实事求是，要按照历史的本来面目呈现历史，而不能为了某种需要故意歪曲历史。"信史"正是赵玉明坚持马克思主义唯物史观的体现。综观赵玉明关于广播电视史学的研究，他所坚守的唯物史观如魂，统领着他对广播电视史料的搜集、整理和忠实利用方面（这部分将在第三章中展开论述），也表现在他直面广播电视发展中的挫折乃至错误方面。

一、客观追溯中国广播史的发端

《简史》是简要记述中国广播发展历程的，这其中涉及最重要的一个问题和争议，就是中国广播历史的开端问题。赵玉明将中国广播历史的发端，即中国广播事业的起始，定位于"中国境内的第一座广播电台"。

赵玉明认为，中国现代史，通常是指1919年五四运动至1949年中华人民共和国成立以前的中国历史。与之相适应，中国现代广播是指从20世纪20年代初中国出现广播电台至20世纪40年代末中华人民共和国成立之前这一历史时期内的广播事业的历史。研究对象若以广播电台而论，则是应以中国资本自办广播电台为主，兼及外国在中国办的广播电台。[①]

《简史》中这样表述：1922年12月，美国人E.G.奥斯邦在上海创办中国无线电公司，并与英文《大陆报》馆合作，开办"大陆报—中国无线电公司广播电台"，呼号XRO，发射电力50瓦。该台于1923年1月23日晚首次播音。这是中国境内开设的第一座广播电台。[②]

同时，《简史》中对于国人自办的第一座广播电台这样表述：1926年10月1日，哈尔滨广播无线电台开始正式播音，呼号XOH，发射功率100瓦，每天播音两小时，内容有新闻、音乐、演讲及物价报告等。这是我国自办的第一座广播电台。[③]

综观《简史》第一章的四节内容，赵玉明对我国早期的广播电台做了客观描述，并没有将哪一座电台主观定性为中国最早的广播电台，即使在后来的《中国广播电视通史》中，赵玉明依然这样表述这两座广播电台，审慎地在这两座广播电台前面加上了限定性条件，即"中国境内"和"我国自办"。

赵玉明后来在《中国现代广播史研究中的若干问题——兼答陈尔泰同志》一文中再次明确："只要在中国境内960多万平方公里土地上出现的广

① 赵玉明.中国现代广播史研究中的若干问题——兼答陈尔泰同志［J］.中国广播电视学刊，2001（5）：33-36.
② 赵玉明.中国现代广播简史［M］.北京：中国广播电视出版社，1987：6.
③ 赵玉明.中国现代广播简史［M］.北京：中国广播电视出版社，1987：14.

播电台，不论是何人所为，属谁所有，为何而办，即使是外国或外国人在中国办的广播电台，也均应在中国现代广播史的研究范围之内。至于各类广播电台如何评价，则是另一个问题。"

显然，这一结论，是赵玉明站在历史的高度，客观看待中国现代广播这一历史事物的必然结果。

二、辩证看待不同性质的广播电台的地位和作用

辩证看待不同事物或者同一事物的不同方面，而不全盘肯定或全盘否定的态度，本身就是唯物史观的另一种表现。

（一）客观评价外台的地位和作用

1949年中华人民共和国成立之前，外国在中国境内所办的广播电台有近百座之多，约占这一时期中国境内累计广播电台总数的1/5。赵玉明将这100座左右的外台大致分为两类，一类是外国军政当局所办或明确支持的，如日本帝国主义所办的60余座广播电台，以及沦陷区的上海出现的德国、意大利等广播电台，毫无疑问是"为了帝国主义对中国的侵略所办"。但对于抗日战争时期的美国军用广播电台，尤其对于孤岛时期苏联在上海所办"苏联呼声"广播电台，则不能一概而论。它们都是在世界反法西斯战争史上发挥过一定作用的。

另一类是外国商人、洋行或其他外国人所办的广播电台，有20座左右。赵玉明认为，对这类电台的评价是比较复杂的问题。他在《简史》中评价奥斯邦、新孚洋行、开洛公司等在上海创办广播电台，置中国政府禁止私设无线电台的法律于不顾，无疑是对中国无线电主权的侵犯。但是，他们经营广播电台主要是为了推销无线电器材，与那种赤裸裸的军事侵略和经济掠夺毕竟有所区别。同时，他们把无线电广播这一20世纪之初的重大科学技术成果引进中国，传播了无线电知识，开阔了中国人的视野，揭

开了中国广播事业发展史的第一页，从历史的观点来分析，它的进步意义是值得肯定的。[①]

显然，从目前所能够搜集到的资料分析，最早的一批外商电台，不管是从主办人的背景，还是从广播的节目内容来看，都不能充分证明他们单纯是为了"深入侵略中国"而办的。在缺乏有力史料支撑的情况下，从哲学和历史的角度来看，赵玉明关于外台的评价客观而全面。

（二）区别看待不同时期国民党广播的地位与作用

在《简史》中，赵玉明用较大篇幅介绍了国民党广播事业，包括抗战前国民党广播的建立和发展、国民党对广播事业的管理和控制；抗战时期在挫折中逐步恢复的国民党广播事业；抗战胜利后国民党广播事业的再发展；以及解放战争时期国民党"戡乱"广播宣传的破产和国民党广播事业的崩溃。不同的历史时期，国民党广播宣传的历史使命显然不同。

1.国民党广播事业的发展与其统治需要相适应

赵玉明在《简史》中指出，国民党出于巩固其反动政权的需要，一方面加紧对中国共产党领导下的革命根据地进行军事"围剿"，另一方面建立和强化反动宣传机构，展开封建法西斯宣传，麻痹和毒害人民群众，并对革命和进步文化展开另一种形式的"围剿"。国民党的广播就是在这样的背景下建立和逐步发展起来的，而其"中央台"和其他官办台充当了国民党反动宣传的喉舌，其中，南昌广播电台建立的经过就说明国民党发展广播的用意在于直接配合根据地的军事"围剿"。该台建立的主要原因就是蒋介石在1933年对中央革命根据地进行第五次军事"围剿"时，将指挥部设在南昌，于是就把一座本拟设在洛阳的250瓦发射机移装于南昌，建立了南昌广播电台。

---

① 赵玉明.中国现代广播简史［M］.北京：中国广播电视出版社，1987：9.

为指导和监督全国所有官办和民营广播电台，国民党管理全国广播事业的决策机构——"中央广播事业指导委员会"，还曾通过《指导全国广播电台播送节目办法》（以下简称《办法》），并于1936年10月由交通部公布。这个《办法》的制定和实施，标志着国民党开始以法律形式着重从广播节目内容上控制广播电台。赵玉明指出，国民党当局之所以采取这一措施，是与当时国内政治斗争的形势以及国民党在新闻出版方面的反动政策密切联系的。

国民党广播事业在抗战全面爆发后，随着正面战场的溃败曾一度出现挫折，后在英国、美国等国的直接支援下逐步恢复发展到战前水平。抗战胜利后，国民党广播事业又通过接收日伪广播获得再发展，但其反共反人民的本质从来没有改变过，也因此随着国民党政权在大陆的瓦解而崩溃。

2. 国民党的抗战宣传的二重性

赵玉明认为，抗战初期，国民党广播电台在全民抗日的高潮中，由于中国共产党人、爱国人士和国民党内抗战派的积极参与，展开了多种多样的广播宣传活动，对于鼓舞和动员亿万军民投入伟大的民族解放战争发挥了积极作用。

但自从1938年广州、武汉相继沦陷，中国的抗战进入相持阶段之后，面对日本侵略者的强大军事压力和政治诱降，重庆时期的国民党广播宣传，既有主张团结抗日、共御外侮的积极内容，同时也有鼓吹"曲线救国"、反共反人民的消极内容。这两方面宣传内容的比重，随着国内外政治、军事斗争形势的发展，各有所侧重。

一方面，抗战时期国民党广播宣传的积极作用是显而易见的。重庆的"中央""国际"两台举办过不少广播讲演节目，邀请中国共产党代表、抗日将领、国民党内的抗战派、爱国人士和国际友人发表广播讲演，号召国内外反法西斯力量团结起来。汪精卫公开投敌之后，"中央""国际"两台均举办了讨伐汪逆的节目。在国际宣传方面，国民党广播电台同英国、美国的广播电台互相转播部分节目，同莫斯科广播电台互相举办专题音乐节目，在加强同外国的友好交流的同时，进一步扩大了中国抗日战争在国际上的影响。

另一方面，赵玉明认为，国民党广播电台抗日宣传的片面性是毋庸置疑的。在抗日战争时期，国民党当局并没有从根本上改变过去压制和摧残抗日进步舆论的做法，并借口"非常时期"禁止开设民营广播电台，进而垄断了大后方的广大地区，使人们无法从国民党广播中了解中国共产党领导下的人民军队英勇抗日的真实情况。尤其在皖南事变之后，国民党"中央"台更是取消了一批抗日专题节目，随之进行反共反人民宣传，颠倒是非、混淆黑白，颂扬国民党法西斯统治的内容越来越多。

三、全面认识人民广播的历史

赵玉明对广播历史的研究就是从人民广播的历史开始的。赵玉明从我国广播事业发展的实际情况出发，将历史唯物主义和史料相结合的原则贯穿中国现代广播历史研究的始终，纵横结合，从对历史发展的具体过程的研究中推导出规律性的论断。

（一）政治传播视角下的人民广播事业

政治传播是当代政治学的重要领域，受到学术界的广泛关注。西方政治传播的系统研究兴起于20世纪50年代，我国20世纪90年代初也出现了专门的政治传播著作。邵培仁1991年主编的第一部《政治传播学》建立了政治传播学的理论体系；刘华蓉的《大众传媒与政治》详细分析了大众传媒产生的政治背景、大众传媒对政治的影响，并阐述了大众传媒的政治功能；谢岳的《大众传媒与民主政治》主要以政治学结构功能主义为方法论，以大众传媒为理论研究的切入点，分析美国媒体如何使民主制度运作起来，从而说明媒体的民主功能。

虽然，赵玉明在对人民广播的研究初期并没有接触政治传播方面的理论和研究，但从政治传播的视角来分析赵玉明关于人民广播的思想，很多问题便豁然开朗。关于人民广播发展的历史，从纵向来看，赵玉明认为，首先，应当考虑到人民广播的发展基本上是和中国革命运动发展的进程是一致的，每当革命形势发生重大变化时，在广播事业的发展上，特别是广播节目内容上，就会做出迅速的反应；其次，还要考虑到人民广播事业发展本身的特点。根据这两个标准，赵玉明将现代人民广播历史的发展分为三个时期：一是抗日战争时期的人民广播事业；二是抗战胜利初期的人民广播事业；三是解放战争时期的人民广播事业。从横向来看，赵玉明认为，中国人民广播史不是一般地研究人民广播的性质、任务和作用，而是通过研究人民广播产生、发展的历史来阐明：不同历史时期，党的方针政策对于广播事业发展，特别是广播宣传任务的确定所起的决定和指导的作用；不同历史时期，人民广播怎样宣传和贯彻党的方针政策；不同历史时期，人民广播事业建设，特别是广播宣传方面所取得的基本经验和巨大成就。①

（二）直面中国广播电视发展中的挫折

相对于科学研究面对复杂问题时可以避重就轻而言，史学的研究讲究还原历史的事实，直面每一个重大历史事件，通史性的研究更是如此。在赵玉明看来，研究历史应当贯彻实事求是的原则，要秉笔直书，还原历史的本来面目。只有全面、完整地再现历史本身，不虚美、不隐恶，才是真正的实事求是。

这个原则说起来容易，做起来却不那么简单。以中华人民共和国成立以来的广播电视的发展为例，写到成绩就比较容易下笔，事例也较多。中

---

① 据赵玉明提供广院新闻系教学资料：《中国人民广播史讲课提纲（1961—1964）》。

华人民共和国成立以来到改革开放前，广播电视史上有三个代表性的难点题目，那就是广播战线的反右派斗争、"大跃进"的广播电视宣传和"文革"中的广播电视。有的广播电视史书，在涉及这三个问题时采用了轻描淡写甚至避而不谈的做法。《通史》却没有回避这三个问题，而是安排了相应的章节加以叙述和评析。

赵玉明认为，只有全面、完整地再现历史本身，才是真正的实事求是。如果只讲成绩而回避问题，那就是片面的历史，也可以说是不真实的历史。赵玉明还和有关的执笔者在撰写和修改上述有关章节的历史时，明确三点共识：首先，要以《关于建国以来党的若干历史问题的决议》为指导方针，结合广播电视发展的史实，从政治上正确评价广播电视宣传和事业建设中发生的曲折、失误乃至严重错误；其次，在选择和叙述涉及有问题的史实和事例时，要注意"宜粗不宜细"；最后，不要着眼于追究个人的责任，而要看重总结历史的经验教训，给后人以启示。《通史》在相应的章节内尽可能结合广播电视的实际，总结了广播系统的反右派斗争、"大跃进"宣传和"文革"时期的主要教训。

总之，赵玉明秉持着实事求是的唯物史观，客观地看待中国现代广播的历史。以史家的秉笔直书，做到"真实客观"地描述，"历史客观"地书写，坚持客观、全面地评价国民党广播的二重性和民营广播在不同时期的表现，这是十分重要的，也是非常需要勇气的。

第二节　纵横结合的专业史分期主张

分期是学术研究中一种常用的方法，任何史书的写作都离不开分期问题。史学家傅斯年曾说："凡研治'依据时间以为变迁'之学科，无不分期别世，以御纷繁。"一般历史书的分期基本都是按照时间顺序，以重大政治事件和政治变革为分期界标。在中国新闻史著作中，用革命斗争史代替新闻传播史，以中国政治史的分期作为新闻事业发展分期的方法长期占主导地位。但关于专业史或行业史的历史分期，不同的见解一直存在。

一、关于历史分期问题的一般观点

在中国新闻史研究历史上，最初的新闻史著作对中国新闻事业的基本描述都是粗线条的，体例和系统不够完备。1981年出版的方汉奇的《中国近代报刊史》为新闻史学研究确立了一个基本的范式，即以时间为轴心，按照严格的历史分期依次进行陈述，我们将之称为"纵向"研究法。这种阶段划分标准有一定的道理，其合理性在于充分考虑了革命与政治对新闻事业的巨大影响。方汉奇先生接受《新闻大学》杂志记者专访时曾说："毫无疑问，新闻史与阶级斗争史肯定有关联，各种阶级都会利用报刊为自己的阶级利益服务。西方新闻史上也存在过政党报刊时期。可是如果只从这个角度研究新闻史，就过于狭窄。"但只用这一种分期标准划分新闻事业的发展阶段，难免忽视新闻事业各种不同的有机组成部分发展阶段的差异性。

事实上，中国新闻史的研究者很早就注意到了这一问题。1956年，复旦大学新闻系印发了《马列学院新闻班中国报刊史教学大纲（草稿）》，这个大纲不仅是引导中国新闻史研究的纲要，而且成为中国新闻史教学的依据，一直影响至今。当时的系主任王中在大纲讨论会上就提出"要从新闻事业本身发展规律来看"[①]。后来，在王中的鼓励下，宁树藩写了一篇题为

① 宁树藩.关于中国新闻史研究中强化"本体意识"的历史回顾［J］.新闻大学，2007（4）：1-3.

《中国新闻史研究方法的若干问题》的论文，着重指出了原来中国新闻史写作出现的问题。复旦大学黄瑚教授在2001年出版的《中国新闻事业发展史》一书中对中国新闻史的分期做了新的尝试。暨南大学的吴文虎教授在2003年发表的《从本体论角度研究中国新闻史》[①]一文中，对比几种新闻史的分期方法，对中国新闻史的分期问题做了有益的探讨。

二、赵玉明专业史分期的思想与实践

在赵玉明看来，《通史》仅仅采用"纵向"研究是不够的，因为广播电视作为一种媒介，自身的发展还要涉及当时的社会政治、经济、文化等各方面背景，需要全方位的考量。早在《中国现代广播简史》中，赵玉明已经在探索新的符合广播特点的历史分期模式。在《通史》的撰写过程中，赵玉明希望能够有新的突破。但是，因为我国广播电视作为政治性极强的舆论宣传工具，它的成长和发展特别是宣传的内容和社会影响都与一定时期的政治环境密不可分，离开大的政治环境和历史背景，广播电视发展中涉及的许多问题就很难分析清楚；也因为广播电视史作为专业史或行业史，如何突出它的自身特点，做出新的分期，赵玉明虽有考虑，但在一定历史阶段内尚可，对于贯穿几十年的通史，却很难统筹安排，与其顾此失彼，还不如走"老路"，从总体上说更妥当一些。[②]最终，《通史》采用了"纵向"为主、"横向"为辅、纵横结合的研究方式。

《通史》的篇章结构主要以时间为线，按照中共党史、中国革命史和中华人民共和国史的分期模式，将中国广播电视的发展历程分为中国早期的广播事业、抗战前的广播事业、抗日战争时期的广播事业、解放战争时

---

① 载于《新闻春秋——中国新闻改革学术研讨会暨中国新闻史学会年会论文集》，四川大学出版社2003年6月出版。
② 见赵玉明《中国广播电视通史》后记。

期的广播事业、向社会主义过渡时期的广播事业、初步探索建立社会主义道路时期的广播电视事业、"文化大革命"时期的广播电视事业、社会主义建设新时期的广播电视事业等，从时间的纵轴上回顾中国广播电视事业发展的历程。

同时，《通史》根据改革开放以来广播电视事业发展的新特点和新形势，在社会主义建设新时期的广播电视部分还分设了上、下两章，在下章中从横向展开分别叙述了新时期广播电视的法制建设，产业经营探索，教育、社团和研究工作，科技和工业，以及对外交流与合作等。

考虑到中国香港、中国澳门和中国台湾地区广播电视发展的特殊性和它们所处的政治环境和社会制度，《通史》还在最后开设专门章节予以介绍。这样的纵横交错式研究，无疑是有利于立体地、全方位地展现中国广播电视发展的方方面面的。

第三节 "论从史出"的史学研究实证性原则

历史是门科学，要在实事求是的原则下，力争还原其本来面目。在方法上，历史既然是门科学，就需要有一套科学的研究方法。对于史书的撰写，赵玉明首先推崇"尊重事实"，但研究历史不能仅仅是材料的堆积，"任何一个真正的史学家都是通过其独特的视角来评述历史的，在梳理完大量的史料后，历史学家应当有自己的判断"[①]。

广播电视事业的发展不是孤立的，它同样涉及人类社会的方方面面。

---

① 范晓晶.十年磨一剑 原创显特色——访《中国广播电视通史》主编赵玉明教授［J］.现代传播（中国传媒大学学报），2004（3）：42-44.

对中国广播电视事业的研究，更要对其所处的不同历史阶段，包括各个时期的政治、经济、文化发展进行观照，从而对广播电视系统中的历史人物进行评价，找出广播电视事业发展的历史规律和特点。在广播电视历史的研究中，尤其在主编《通史》的过程中，赵玉明始终坚持采用"寓论于史、论从史出、史论结合"的论述方法。"史"是指史料、史实，即研究历史的资料和客观存在的历史事实；"论"就是用马克思主义的立场和观点分析史料得出的结论。

一、"历史研究必须实事求是"

"论从史出"的实证性原则，是已故史学家翦伯赞1959年针对当时史学界盛行的"以论带史"的观点，首先提出来的。后来，不从概念出发，不先提出结论，不把概念、结论强加给具体史实，一切概念、结论皆产生于对具体史实的科学考察和分析之后，成了专家学者们的共识。论从史出，逐渐形成风气。

马克思主义唯物史观认为，只有充分地掌握历史史料，才能进行历史研究。显然，研究历史必须从实实在在的史实出发，没有对史实的分析就得出结论是不符合马克思主义唯物史观的。但是，毋庸讳言，随着时间的推移及市场化思潮对学术领域的渗透，从概念、结论和各种各样的所谓"范式"出发，不对具体史实进行实证性研究的现象屡见不鲜。比如，有的人并未对历史进行全面、深入的研究，就断定中国境内的外台都是帝国主义侵略中国的帮凶；有的人不顾历史事实，全面否定国民党广播的作用和意义；有的人没有取得足够的、真实可靠的证据，就大张旗鼓地为某些历史事件"翻案"。这些问题都说明，广播电视史学界以观点先行、主观臆断代替论从史出原则的现象仍十分严重。

赵玉明在多个场合表示，学术研究必须实事求是，随着史料的不断发掘和研究的不断深入，历史的真相会越来越明。在没有搜集到足够的史料时，为了某些政绩而为的面子工程，在学术研究上是要不得的。

前后80余年的中国广播电视历史，史料浩如烟海。那么，什么样的史料不能用？什么样的史料可以用？写入书中的史料哪里详写？哪里略写？另外，广播电视的历史如何界定？开端在哪里？又该在哪里结束？我国港澳台地区的广播电视发展历史应该放在哪个章节？还有，广播电视历史的研究不断发展，成果推陈出新，面对这些成果，如何考证？如何使用？

对于这些史料的取舍处理，本身就反映了编者的思想观点。在《通史》中，赵玉明更多地将自己的观点融入史料的选择、利用和处理上，寓论于史。《通史》不仅保留了《简史》的主要成果，还根据中国现代广播史学研究的新进展，做了必要的调整，以求全面、完整地再现历史本身。对待历史，尤其是中华人民共和国成立后，广播电视事业发展的曲折甚至错误，《通史》均没有回避，而是单列章节加以叙述，在总结成绩的同时，也对出现的错误及其危害做了深刻反思。

这种认识和评价显然是建立在前面充分的事实论证的基础上的。如果承认前面的史实，显然也会与赵玉明一样得出无可辩驳的结论，而要否定他的结论，无疑也就是否定了他所陈述的事实。评论放在历史叙述的末尾，体现了赵玉明始终秉持的"寓论于史、论从史出、史论结合"的治学原则。

二、"寓论于史、论从史出、史论结合"

历史学的基本特点是史论结合。运用辩证唯物主义和历史唯物主义的观点，分析具体的历史现象，揭示其内在的本质和规律的过程就是"史论结合"的过程。然而，对于两者之间关系如何，史学界也一直有不同的看法。

本书前面说过，"重论轻史""以论带史"的观点是错误的。也有人提出"重史轻论""唯史料学""史学家不应该有自己的观点"，这类观点强调仅仅依靠史料来进行史学研究，忽视历史学的客观规律性，拒绝从史料中探求历史现象的内在联系及其实质。赵玉明认为，这种观点同样是错误的。搜集、整理、审查真实、可靠、有用的史料，仅仅是历史研究的第一步，只有在马克思主义唯物史观的指导下，分析总结历史学的一般规律，才是历史研究的最终目的。

方汉奇在评价《中国现代广播简史》时，就曾指出该书在探讨广播事业发展规律、总结广播历史经验等方面还有不足之处。显然，方汉奇也认为，一部有分量的史学著作，不能只是停留在对历史的叙述中，提炼出必要的结论也是不可或缺的，即强调"论"的重要性。当然，得出规律性的认识实属不易，它不仅需要有大量的史料作为支撑，更要有敏锐的史学眼光和史学洞察力，"述"和"论"看似是客观与主观的对应，实际上两者都能鲜明地表现史学研究者的史识观点，也反映了研究者的治学态度。

为了在《通史》中达到史论结合，赵玉明在《通史》的每章之后都安排了一段未标明"小结"的小结，上、下卷的篇末都各有一篇结束语，分别对不同历史阶段的中国广播电视事业发展历程做简要述评，力求弥补史书中"论"的不足。虽然赵玉明自称这些评述性的见解主要反映主编的观点，正确与否有待识者指正。但这也代表了赵玉明在治史过程中的识见和一些具有建设性的判断。

概言之，《通史》时期，赵玉明实事求是的广播电视史观已经确立，广播电视史学思想日臻成熟，在广播电视历史分期和论述方式方面进行了谨慎的探索，并积累了初步的经验。

第四节 "学术争鸣推动史学繁荣"的史学发展观

学术争鸣是学术研究领域的探讨和争论，是学者围绕学术问题所进行的争辩活动。哲学社会科学发展规律表明，正是在不断的学术争论中，学者、学派之间相互争高竞长，从而推动了学科与研究的丰富和发展。

中国广播电视史学作为一门新兴学科，其研究特别是针对中国早期的广播史研究，因为历史条件的限制和广播本身稍纵即逝的特点，不同的学者占有的资料不同，加上学者本身的知识结构、思维方式、研究方法存在差异，导致对同一问题的解读和诠释有所不同，产生争鸣。改革开放之后，尤其是近年来，在广播电视学术领域出现了许多争鸣，其中不乏具有学理意义的讨论，更有对广播电视史发展历程的评价。随着历史资料的不断发现，关于广播史的见解和观点争鸣尤为激烈，影响也比较大。目前，关于广播史的争鸣主要在赵玉明、陈尔泰之间展开，同时涉及严帆等人。争鸣的焦点主要涉及四个方面：一是关于中国广播史发端的问题；二是关于外国人在中国设立的广播电台的评价问题；三是关于延安台开播时间的问题；四是关于江西苏区口语广播的问题。

一、赵玉明关于广播史争鸣的几个主要方面

梁启超在《中国历史研究法》一书中提道："史料为史之组织细胞，史料不具或不确，则尤复史可言。"[①]然则时代越久远，史料的搜集就越困

---

① 梁启超.史料的搜集与鉴别［M］//梁启超.中国历史研究法.上海：上海古籍出版社，2006：41.

难，研究、证明历史本相的难度就越大。同时，一个事件相关的史料总会有一定的趋同性，不同相关史料的相互印证，共同证明事物存在的可能性。关于广播史实的争鸣中，就有很多源于史料的征集与考证。

（一）关于中国广播史发端的问题

本书前面的章节中提到，赵玉明在《简史》中将中国广播历史的发端，定位于"中国境内的第一座广播电台"。而美国人E.G.奥斯邦与英文《大陆报》馆合作开办的"大陆报—中国无线电公司广播电台"，就是中国境内开设的第一座广播电台。只是赵玉明之前在一些文章中笼统说过奥斯邦台是"我国历史上第一座广播电台"。显然，我们常用的广播史教科书和参考书中，大多依据赵玉明的"笼统"说法，普遍推论认为，中国最早的广播电台是中国境内开设的第一座广播电台，即"大陆报—中国无线电公司广播电台"。①

对此，陈尔泰②在《中国广播电视学刊》2000年第4期和2001年第2期发表了《关于20年代境内"外台"史料的几个问题》和《奥斯邦台不是中国的广播电台》，对中国现代广播史的研究对象及范围、对外台的评价以及20世纪20年代外台的史料等重大历史问题进行争鸣。陈尔泰认为，

---

① 韩文婷.史学视域下对广播电视史研究的思考——兼论中国广播史学领域的争鸣问题［M］//哈艳秋."广播电视史学：机遇与挑战"学术研讨会论文集.北京：中国广播影视出版社，2015：219.

② 陈尔泰，男，1938年生，哈尔滨人，高级编辑。1963年毕业于哈尔滨师范学院中文系研究生班。曾任中国广播电视学会理事、黑龙江省广播电视学会副会长、黑龙江省新闻学会副秘书长、中国发展战略学研究会文化战略专业委员会理事。著有《电视存现说》《电视与社会全面发展全面进步》《黑龙江广播电视史要略》《广播史论辑存》等，另与人合著有《中国广播电视学》《东北人民广播史》。2006年出版《中国广播之父——刘瀚传》，2008年出版《中国广播发轫史稿》《中国广播史考》，2009年出版《中国广播史学批评建构——以〈中国广播电视通史〉上卷为个例展开》，2015年出版《中国广播诞生九十周年》，展开关于中国广播电视历史的考证和争鸣。

"《中国广播史》却没有中国广播自己来开头，是不行的，是不可接受的"，"中国广播史，也是中国历史的一部分。中国广播史也要让中国人知道自己广播的事，不该先自中国广播史的开头就藐弃了中国广播自己"①。因此，陈尔泰认为，"哈尔滨广播无线电台是我国第一座广播无线电台"②。

对于陈尔泰这个观点，赵玉明后来在《中国现代广播史研究中的若干问题——兼答陈尔泰同志》一文中明确回应："只要在中国境内960多万平方公里土地上出现的广播电台，不论是何人所为，属谁所有，为何而办，即使是外国或外国人在中国办的广播电台，也均应在中国现代广播史的研究范围之内。至于各类广播电台如何评价，则是另一个问题。若谓中国现代广播史的研究对象只限于中国的广播电台或曰中国自办的广播电台，其他的广播电台均不在研究范围之内，对此意见，本人不敢苟同。"

赵玉明与陈尔泰探讨的话题对廓清中国现代广播史中的一些基本问题具有建设性的意义。通过争鸣，更多的广播电视史学研究者认识到，我们既不应该将赵玉明《简史》中的表述，简单粗暴地推论为中国境内的第一座广播电台就是中国第一座广播电台；也不应该感性地一定要让中国人自己创办的广播来开启中国广播史。

（二）关于外国人在中国设立的广播电台的评价问题

1949年中华人民共和国成立之前，外国和外国人在中国境内所办的广播电台有近百座之多，约占这一时期中国境内累计广播电台总数的1/5。陈尔泰曾断言，无一例外，这些外台都是为了帝国主义对中国的侵略，都是列强深入侵略中国的"步骤"。

如前面章节所述，赵玉明认为，这100座左右的外台背景复杂，应该

---

① 陈尔泰.中国广播诞生九十周年［M］.北京：中国广播影视出版社，2015：124.
② 陈尔泰.中国第一座广播电台［J］.新闻研究资料，1985（2）：171-179.

区分评价。就目前所能够搜集到的资料，都不能充分证明这些外台单纯是为了"深入侵略中国"而办的。在缺乏有力史料支撑的情况下，从哲学和历史的角度看，赵玉明的论述显然更为客观和全面。

（三）关于延安台开播时间的问题

目前，关于延安台创建史实的争鸣主要介于赵玉明与陈尔泰两人之间，这其中最激烈也最有学术价值的争鸣主要集中于延安台开始播音的时间上。赵玉明经过调查研究，根据山东《大众日报》的报道得出新的结论，认为延安台于1940年12月30日即开始播音，并在中央广播事业局1980年12月23日发出的《关于将人民广播诞生纪念日改为1940年12月30日的通知》中确定下来，之后的许多学术研究均以此为据。但陈尔泰认为，《大众日报》的消息中报道的事物是陕甘宁边区政府广播，其在客观上是不存在的；同时也没有直接旁证可以证明陕甘宁边区政府广播就是延安台，由此推断这则消息是"不反映客观事物，没有事实支持的虚妄失实的消息"[1]。同时，陈尔泰认为，《大众日报》作为山东解放区的报纸，记录千里之外延安发生的事情，在当时的历史条件下，"无认知来源，同样决定着《消息》必然虚妄失实"[2]。既然这条消息的准确性存疑，自然不能再作为延安台的开播证据。同时，其他的旁证也没有确切表述延安台的具体开播日期。

赵玉明曾在《现代传播（中国传媒大学学报）》连续发表《再谈中国现代广播史研究中的若干问题（上）——与陈尔泰同志商榷》和《再谈中国现代广播史研究中的若干问题（下）——与陈尔泰同志商榷》，阐述了自己对现代广播史研究包括延安台研究的一些观点和看法。对此，陈尔泰专门著有《延安台开端史实》一书，对延安台的创建提出自己的质疑。他

---

①　陈尔泰.延安台开端史实［M］.北京：中国广播电视出版社，2013：83.
②　陈尔泰.延安台开端史实［M］.北京：中国广播电视出版社，2013：83.

认为，新华社广播电台开端史事本相迄今没有得到彻底澄清，也存在某些史事不实的问题。这是赵玉明和陈尔泰争论的焦点，也是双方迄今没有达成共识的地方。

另外，陈尔泰在这本书中就延安台创建的一些史实细节提出了质疑，如陕甘宁边区政府广播与延安台的关系；延安台运作情况；广播电台设备运抵延安的时间，广播发射机是否反复改装；延安台播音效果等问题。在笔者看来，双方对于这些问题并没有实质上的分歧，多是因为表述不同、理解角度不同，或其他原因，比如编辑的失误等引起的。双方在争鸣中比较充分地表达了自己的意见和看法，读者也通过他们的争鸣，对延安台创建和变迁的脉络了解得更加清晰，对延安台创建的一些基本史事本相更加清楚。

（四）关于江西苏区口语广播的问题

2002年，严帆在江西《红土魂》2002年创刊号发表《新中国广播通讯事业的前身——中华苏维埃共和国红色中华新闻台历史考证》一文；2005年12月，刘卫国、刘照龙在《中国广播》发表《苏区时期的人民广播事业》一文。这两篇文章通过对口述记录、回忆文章、有关文物和公章，以及书报的记载等进行研究论证，提出一个新的观点：江西苏区红色中华新闻台是我国最早的红色广播电台机构，也是中央人民广播电台的前身。这就意味着将中国人民广播的创建历史提早近10年。

再加上2006年，红色中华新闻台旧址及陈列馆揭幕开展，严帆等人的观点在学术界开始多有争论。争论的焦点主要集中在两个问题上：一是江西苏区有文字广播是公认的，但是否有口语广播则存在歧义；二是如果江西苏区不存在口语广播，可否将红色中华新闻台的文字广播视为中国人民广播的前身，将瑞金视为中国人民广播事业的发源地？①

---

① 赵玉明，庞亮.江西苏区口语广播探究［J］.现代传播（中国传媒大学学报），2013，35（1）：23-28.

赵玉明和庞亮2013年在《现代传播（中国传媒大学学报）》发表的《江西苏区口语广播探究》一文中对此进行了商榷与争鸣。研究从当时搜集到的证据出发，对江西苏区是否存在口语广播进行了全面的分析，同时对当时比较流行的观点进行了讨论。赵玉明、庞亮认为，严帆的举证中并未找到确凿的证据，其所提供的证据史料疑点重重，并不确定是否真实存在。江西苏区是否存在口语广播是一个需要进一步探讨的史实问题。

二、"学术争鸣是广播电视史学发展的重要动力"

在中国历史上，争辩之风源远流长。春秋战国时期的诸子百家争鸣开启了学术争鸣的先河，之后的学术争论连绵不断，有效地推动了历史科学的发展。中华人民共和国成立之后，毛泽东把"百花齐放，百家争鸣"作为繁荣和发展社会主义科学和文化事业的指导方针，明确要求在学术问题上要"百家争鸣"。改革开放以来，随着解放思想的大潮，学术领域常常围绕着某些问题展开激烈的争鸣，在各种学术思想和理念的相互碰撞中激发了理论与学术创新的精神，增进了学科共识和学术积累，为科学研究的发展奠定了基础。[①]

赵玉明一直倡导学术争鸣，他认为，学术争鸣是史学繁荣的内在要求，也是史学发展的重要动力。同时，赵玉明强调，学术争鸣是在学术范围内的争鸣，要健康有序地进行。

（一）学术争鸣具有重要的学术价值与意义

赵玉明认为，就有关问题展开讨论、争鸣是必要的，没有学术的争鸣和讨论，学术研究也不能发展。

1. 学术争鸣推动广播史研究的实事求是

从学术争鸣的客体看，客观事物是复杂的，由于历史条件的制约，人

---

① 凤蝶.学术争鸣与科学发展［J］.淮北职业技术学院学报，2006（2）：5-6.

们对客观事物的认识是过程的认识、有限的认识，并随着时代的发展而受到质疑。科学的认识会在质疑中得到证实并得以广泛传播，而陈旧的、错误的认识则会在合理的争辩中被证伪。

民国时期的广播，包括解放区广播，距今已经比较遥远，在当时也是个新生事物，研究资料较少，同时，由于历史原因，很多资料没有保留下来，这就为以大量确凿史实为基础的历史本相调查研究带来了极大的困难。以人民广播事业创建纪念日为例，从最初产生疑问，到通过比较详尽的调查研究，后又通过多方面的说明、论证、宣传，最后做出更改的决定，前后历时20年得以圆满解决。广播历史的研究中诸如此类的研究课题还有很多，这就需要我们不断地钻研、探索，才能无限地接近真相和真理，广播史学的研究就是在这样不间断的证伪与证实中前行的。

2.学术争鸣推进广播史研究的不断深入

从学术争鸣的主体看，由于研究者的知识结构、思维方式、研究方法以及学说旨趣的差异，对同一范畴、同一问题的解读和诠释也可能有所不同。通过相互探讨和争论，集思广益，从而拓展了研究视野，增进了研究深度，这就为我们更加全面、深刻地把握历史提供了可能。①

首先，争鸣中的双方都会为了证明自己的认识是正确的，同时批驳对方的错误和漏洞，积极主动地广泛搜集更多的相关资料，系统地进行梳理和分析，深入对问题的研究。其次，争鸣能够完善原有的研究。因为史料搜集困难导致史料不足，进而导致观点的争鸣，会使争鸣的双方及时认识到自己观点的问题所在，进而克服自己认识上的片面性，补充修正原来的误判，使研究朝向更全面的方向发展。最后，争鸣也会导致不同学术观点的形成，丰富学术研究的成果。

---

① 凤蝶.学术争鸣与科学发展［J］.淮北职业技术学院学报，2006（2）：5-6.

比如，关于中国人办的第一座广播电台，在20世纪80年代出版的史书中一般均认为1927年开办的天津广播电台为中国人自办的第一座广播电台。黑龙江广播电视厅的陈尔泰、丛林两人多年调查、考证，1985年发表了《中国第一座广播电台》一文，文中提到了中国人自办的第一座广播电台应当是1926年刘瀚主持筹建的哈尔滨广播无线电台。《简史》积极吸纳两人的这一研究成果，更正自己先前的误判。赵玉明后来主持编纂的《通史》也尽可能地吸收广播电视学领域已有的学术成果。可以说，《通史》是改革开放以来，我国广播电视史研究成果的结晶。

（二）学术争鸣是学术范围内的争鸣

史学研究永无止境，任何人都不可能穷尽真相。赵玉明大力倡导和支持正常的争鸣讨论，他认为，只有这样学术发展才有前途。他鼓励大家，哪怕自己的思想还是比较稚嫩的，也要大胆前行，不要局限于以往的知识，要敢于创新。只有新思想、新观念不断出现，才有可能产生学术上的争鸣。如果大家都滞留于盖棺定论的知识，那么也就无所谓争鸣了。赵玉明所说的正常的争鸣包括两个方面。

一是要营造平等的学术争鸣氛围。学术上的争论实际上是不同理解主体之间关于不同学术观点的交流，不存在以任何一方为标准的问题，唯一的检验标准是事实。只有坚持争鸣各方主体的平等性，学术争鸣的良好氛围才能形成。赵玉明多次强调，在学术研究领域不应该有权威和导向，一切以史料为准，只服从史实，不服别的东西。只有敢于质疑老观点、突破旧体系，抛弃一切成见，才能进行平等的学术交流，展开无拘无束的学术争鸣。

二是要规范学术争鸣的方式。赵玉明认为，学术讨论应该是摆事实、讲道理，以理服人。不能先有主观臆断，再找客观印证，也不能先有臆想结论，再找论据支持。同时，学术争鸣是学术领域的思想交流活动，因此在争鸣中务必采取谦虚礼让的态度，对于不同意见要通过深入分析、系统论证来阐明，做到有理有据。切忌违反学术规范，对不同学派的学者进行不负责任的恶意造谣中伤、漫骂攻击。赵玉明认为，作为争鸣的一方，可以不同意对方的观点，但要尊重对方表达和坚持自己观点的权利。[①]南京财经大学新闻学院教师刘泱育写过一篇文章专门论述老一代知识分子处理学术争鸣的做法和态度，其中所用的"理"和"礼"两个字恰如其分地概括了前辈们在这个问题上的典范价值。

从温济泽"当时没有研究广播的历史，也没有想到要研究广播的历史"，到红色收藏研究者艰难搜集资料对红色中华新闻台的历史进行考证，再到广播史志研究工作"盛世修史"硕果累累的喜人景象，解放区广播研究不断深入。这再次印证，学术研究离不开不同学术观点和不同学派之间的争鸣，科学的争鸣是学术和学科发展的内在动力。

---

① 陈娜.教师是我一辈子的身份——访中国传媒大学教授赵玉明 [J].新闻爱好者，2003（10）：63-67.

第三章　赵玉明广播电视史学研究方法论

　　任何一项研究都离不开方法的支撑，没有研究方法的科学研究是不存在的。现代科学的发展呈现一个相互融合、相互渗透、相互影响的趋势，其中一个突出的表现就是研究方法的相互借鉴。大凡真正在学术上有所建树的学者，必有一种特有的治学精神与治学方法。史学史研究，除了论述史家成就之外，还应对他们在实际研究工作中的眼光、取向及方法进行讨论。[①]

　　赵玉明在选择研究方法时，充分考虑各种研究方法的不同特点和功能。本章重点考察的是赵玉明在广播电视史学研究中采取过的一些基本方法和途径，分析其特别青睐的研究方法在其治史中所起到的特殊作用，这对于赵玉明广播电视史学学术规范的形成和完善有很重要的意义。

第一节　搜集史料法：注重第一手史料的搜集和运用

　　历史是以史为镜，鉴往知来的。赵玉明的广播电视史学研究十分重视

---

　　① 王汎森.什么可以成为历史证据：近代中国新旧史料观点的冲突［M］//王汎森.近代中国的史家与史学.上海：复旦大学出版社，2010：104.

史料的搜集工作，"板凳需坐十年冷，文章不着一字空"，"历史研究有个特点，那就是厚积薄发。要有很多的积累，基础才扎实，这样写出来的东西才会内容充实，经得住考验，否则可能就会漏洞百出了"①。

吴廷俊在总结当前中国新闻史学界存在的若干缺陷时，首先批评的一种学风就是研究者缺乏史学意识，认为新闻史不是历史研究，尤其不注重史料发掘。在这些人看来，新闻史研究似乎不需要下功夫做史料工作，只需要弄点第二手、第三手，甚至若干手材料组合一下就行了，还堂而皇之曰"整合创新"；甚至有人说，注重考证考据，"只提供了许多新闻领域的基本知识与一般常识"，其成果只是"资料汇编"。事实上，中国新闻史研究的现状，不是"考据之风"太甚，不是"史料堆积"太多，恰恰相反，是"浮躁之气"太甚，不愿意"坐冷板凳"，不愿意"钻故纸堆"，新史料太少。②

与现在一般学者多从第二手甚至多手资料中搜集史料不同，赵玉明千方百计搜集第一手资料。这既包括原始的文件和材料，还包括实地调查和采访当事人等。

一、强调第一手文字史料的搜集

历史研究的资料通常分为第一手资料和第二手资料。第一手资料就是原来的或该事件（或活动）的首次记录，是事件的实际目击者或参与者所经历的。第二手资料是至少一次以上被援引的关于该事件的叙述。第一手资料转变为第二手资料的过程中，可能存在信息失真的情况。因此，以历史为研究对象时，最好要掌握第一手资料，这是历史研究的基本原则。

---

① 据赵玉明访谈。
② 吴廷俊，阳海洪.新闻史研究者要加强史学修养——论中国新闻史研究如何走出"学术内卷化"状态［J］.新闻大学，2007（3）：5-12.

赵玉明从教伊始，就十分注重对第一手资料的搜集。早年，赵玉明受温济泽指导，经常到中央广播事业局档案室查找关于人民广播的原始史料。在查找的过程中，赵玉明发现了一大批关于解放战争时期的第一手广播史料。此后几年，赵玉明阅读了这批史料，分门别类做了笔记，还抄录了其中的部分史料。这些史料为其后来的解放区广播史的教学和研究工作奠定了可靠的基础。

1970年，赵玉明参与了中央广播事业局为筹办延安广播历史展览而组织的对延安台历史的调研。在调研中，他又发现了一批相关的珍贵史料，这些都为其以后编印《解放区广播历史资料选编》《中国解放区广播史》等做了资料准备。尤其是从山东《大众日报》上发现的延安新华广播电台于1940年12月30日首次对外广播的报道，为更改中国人民广播事业创建纪念日提供了确切的史实依据。那时，赵玉明每次到外地出差，都要到当地的博物馆、纪念馆或展览馆，查阅与解放区广播有关的史料。

赵玉明不仅在研究中千方百计积累史料，在指导研究生时更是想方设法帮助学生搜集资料。赵玉明的博士生、"百优"论文的作者薛文婷是北京体育大学体育传媒系教师，2004年起在职攻读博士学位，论文选题定为体育新闻史。因她在体育大学新闻系任教，一般性的体育新闻史料比较容易搜集，但我国主要新闻媒体的体育传播史料、奥运会在华传播史料等，她并不完全掌握。为了扬长补短，扩展她的视野，让她能多方掌握体育传播史料，赵玉明拜访了她的系主任易剑东，并提议以中国新闻史学会名义与体育大学共同召开"奥运传播暨体育新闻传播史研讨会"，创造了"为一篇论文，开一次研讨会"的特例。50万字的研讨会论文集也为薛文婷搜集史料打下了良好的基础。

赵玉明指导学生通过博士论文答辩并获得博士学位后，督促他们切不要将论文束之高阁，而应将其公开出版，使其走出校门，迈向社会，成为公共文化财富。截至目前，赵玉明指导的12名博士的论文，其中艾红红、姚喜双、谢鼎新、庞亮、王文利、刘书峰、薛文婷和贾临清的8篇已分别由多家出版社公开出版发行，为新闻传播学特别是广播电视学研究增添了新的光彩。

赵玉明不仅帮助学生搜集史料，而且把自己辛苦搜集的史料汇编出来，方便更多需要的人查找并使用，重新发挥史料的利用价值。这在本书前面已列有专门章节阐述，此处不再赘述。

二、注重实地调查研究法的运用

在众多治史方法中，赵玉明尤为青睐实地调查研究法。"在搜集史料的过程中，我的体会是，史料包括三部分：一个是死资料，一个是活材料，还有一个就是实地考察。我们去查文献、档案，这部分就是死材料；我们去访问老广播，这些是活材料；另外，我们还可以进行实地考察。比如说当老广播向我们讲起延安台是在窑洞里播出的，我们就要根据他的回忆到延安去实地看一下，确认一下。因为人的记忆有时会出现偏差，何况已经过去那么多年了，我们就需要去当地进行考证。从这里面可以看出，做一个广播电视史的研究人员，调查研究是很重要的。"①

实地调查研究法需要深入调查对象的生活背景中搜集资料，因而优势主要表现在调查的第一手资料真实、详细、有说服力。赵玉明认为，科研工作要不断提高水平，必须与调查实践结合起来，才可能收到事半功倍之效。赵玉明在20世纪60年代刚开始从事广播史教学工作时，就从"老广播"处得知中国共产党创建的第一座广播电台是延安新华广播电台，从那

---

① 王德平，王永亮.半个世纪新闻路 四十五载广院情——赵玉明教授访谈录[M]//赵玉明.赵玉明文集（第一卷）[M].北京：中国广播影视出版社，2014：25.

时起他就萌生了考察延安台旧址以充实教学研究的想法，但几经波折，直到1980年秋天，这一愿望才得以实现。

1979年，赵玉明得知新华社历史调查组要到延安考察，便以当时的广播是新华社事业的一部分为由，申请同行调研解放区广播情况。这次考察，赵玉明来到了延安和瓦窑堡，初步了解了延安台旧址的情况，也为次年广院组织的实地调研做了准备。回来之后，赵玉明向新闻系正式提出调研延安台旧址的计划，经康荫主任同意并报学校批准，以"北京广播学院"名义组成延安（陕北）新华广播电台历史调查组，组长由播音系齐越教授担任，成员有赵玉明、刘洪庆（播音系助教）和郭镇之（研究生），并聘请延安台原编播技术人员杨兆麟、钱家楣和李志海作为顾问。

经过近1个月、行程约3000公里的调查访问，赵玉明他们先后考察了延安（陕北）台的编辑部、播音室和发射台的14处旧址，并对这些旧址所在地一一拍照，有些窑洞和房屋还丈量了面积，有些做了备注以便以后核查。[①]这次实地调查研究，他们记录并拍摄了大批人民广播史的第一手资料。之后，赵玉明和他的研究生郭镇之整理编写了调查报告和调查日记，赵玉明还据此修正补充了一幅延安台在陕北的转移路线图，比较直观地反映了当时延安台转移的复杂路线。

这次调查为当年年底中央广播事业局更改中国人民广播事业创建纪念日（由1945年9月5日改为1940年12月30日）和以后筹备清凉山上的延安广播历史展览提供了可靠的史料依据。就个人来说，也为赵玉明第一部广播史教材做了准备。

除对延安台的旧址进行实地调研外，赵玉明也实地调研了江西苏区口

---

① 王德平，王永亮.半个世纪新闻路 四十五载广院情——赵玉明教授访谈录［M］//赵玉明.赵玉明文集（第一卷）［M］.北京：中国广播影视出版社，2014：25.

语广播情况。2002年，江西瑞金红色收藏研究者严帆发表《新中国广播通讯事业的前身——中华苏维埃共和国红色中华新闻台历史考证》一文，称："苏区时期在苏区创办的红色中华新闻台，是我国最早的红色广播电台机构，也是新中国中央人民广播电台的前身。"同年5月，江西省广播电视局组织"瑞金是中国人民广播事业发源地"论证组，经过"严密考察论证"，认定瑞金是中国人民广播事业的发源地。2006年，红色中华新闻台旧址及陈列馆揭幕开展。2008年4月18日—23日，赵玉明到江西省南昌市，参与主持在南昌大学召开的"中国红色新闻事业的理论与实践（1921—1949）"高层论坛，在开幕式上致辞并做专题发言。会后，赵玉明与博士庞亮等赴瑞金中华苏维埃共和国旧址考察，参观红色中华通讯社旧址纪念馆和红色中华新闻台旧址及陈列馆，与红色中华新闻台考证和陈列设计者严帆就红色中华新闻台有关问题展开讨论和商榷。通过认真地调研和严密地论证后，赵玉明、庞亮合写《江西苏区口语广播探究》争鸣文章刊于《现代传播（中国传媒大学学报）》。

三、抢救活史料：征集人民广播回忆录

在我国，撰写回忆录的历史悠久。儒家经典《论语》，就是一部带有回忆录性质的著作。西汉史学家司马迁的《太史公自序》，可以看作一篇回忆录文章。古人撰写的一些吊唁文章和墓志铭，也带有回忆录的性质。到了近代和现代，回忆录这种文体有了很大的发展。对于伟大人物或重大事件，为了纪念他们，同这些伟人共事过的、接触过的人，或者参与过重大事件的人，就撰写回忆录来表达自己的崇敬和怀念之情，同时也为后人贡献了宝贵的文献资料。它是一段历史的真实写照，是全面研究断代史、学术成果不可缺少的资料之一。

1960年，为纪念人民广播诞生15周年（中国人民广播事业创建纪念

日更改之前），中央广播事业局组织一些"老广播"写了回忆录，刊登在内部刊物《广播业务》上。另外，《广播业务》《广播爱好者》《星火燎原》等书刊上陆续刊登了温济泽、孟启予、齐越、傅英豪和刘善本、罗广斌的回忆录。这些回忆录既包括与广播相关的领导、编辑、播音员和技术人员的，也包括听众的。①

人民广播产生于战争时期，史料留存极少。这些回忆录对于解放区广播的研究有着重要的史料价值。赵玉明对此非常重视，他广泛交友，访问"老广播"（及老听众），以口述历史的方式广泛地搜集这些回忆录。之后，赵玉明也开始征集回忆录。搜集是被动的，而征集是一种主动的自觉行为。这种征集最开始只是赵玉明的个人行为，凡是当时他认识的"老广播"，赵玉明都请他们写了回忆录。即使这样，因为认识的人是有限的，赵玉明征集的回忆录也是有限的。这种有限不仅是数量上的，在代表性方面来说也是有限的。1980年，借纪念中国人民广播事业创建40周年的契机，赵玉明为中央广播事业局起草了《关于征集人民广播回忆录的通知》，由有关部门发往全国各省、自治区、直辖市广播局。自此，赵玉明开始了借助官方力量，有组织、有计划地广泛征集和编纂活动。

赵玉明没有把这些得之不易的史料垄断为己有，而是想办法印刷出来，流传下去。不仅为了弘扬延安精神，也是为后来的研究者铺路。这项活动从20世纪60年代到90年代断断续续进行了30年，先后出版了四集《中国人民广播回忆录》，并精选而成《延安（陕北）新华广播电台回忆录

---

① 广播与报纸相比，是无形的，如果没有听众的反馈，就没有办法说清楚解放区广播到底起到了什么样的作用。国民党军队当中第一个驾机起义的刘善本就是当时延安台的一个听众。他到延安之后，还专门到播音室看望了播音员。他说，之所以飞来延安，就是因为听了延安的广播，听到了革命的声音，才把他引向了革命的圣地。《启东日报》2013年7月30日第2版刊登的黄济人的《将军决战岂止在战场》中，还记载了蒋介石听到解放区不断胜利的消息后，把收音机都砸了。这也从一个侧面反映了当时延安台广播的作用和效果。

新编》。包括延安（陕北）新华广播电台在内的30多座解放区广播电台的记者、编辑、技术人员在内的100多人都写了回忆录。再加上老听众的支持，回忆录共收录了近200位作者的220篇回忆文章。[①]后来，哈艳秋的博士生彭芳群研究解放区广播就是以《中国人民广播回忆录》作为重要参考资料。

方汉奇在20世纪80年代曾多次呼吁"去世的新闻人物要研究，目前还健在的杰出的新闻工作者的有关材料也可以先着手搜集起来，以便掌握更多的第一手材料"[②]。当年的广播人如今均已作古，赵玉明征集回忆录的活动不仅抢救了一批"活史料"，也为解放区广播的研究积累了难得的、丰富的宝贵史料。

第二节　考证史料法：广参互证，追本溯源

考证作为一种治史方法，借以审定史料是否正确，是史家征信的重要方法。"考证为史学之门，不由考证入者，其史学每不可信；欲实事求是，非考证不可。"[③]而要考证，就势必要追根溯源，同时，又需要多多参考其他的史料书籍。

赵玉明治学非常注重对史料的考证。他除了征引革命史和党史、广播电视地方史志外，还涉及新闻、词典、题词、书信，甚至小说。可以说，

---

① 庞亮.回眸历史长河　追溯广播原点（上）——专访中国传媒大学赵玉明教授［J］.中国广播，2010（4）：51-53；庞亮.回眸历史长河　追溯广播原点（下）——专访中国传媒大学赵玉明教授［J］.中国广播，2010（5）：58-61.

② 方汉奇.方汉奇文集［M］.广东：汕头大学出版社，2003：31.

③ 陈垣.通鉴胡注表微［M］.北京：商务印书馆，2011：76.

赵玉明搜集史料的途径无所不包。赵玉明利用这些从不同途径搜集到的史料互相印证，以追根穷源，揭示史实真相。比如在对解放区广播史的研究中，他就采用了"三结合"的方法全力抢救解放区历史资料（含实物），即广泛交友，访问"老广播"（及老听众），征集回忆录；到图书馆、档案馆与博物馆查阅书刊报纸和档案材料；实地考察、搜集文物。然后将这三个方面得来的材料比较分析，互相印证，以求得出正确的结论。

一、广参互证的史料来源

（一）中国现代史、中国革命史和中共党史——研究历史首先要了解历史

赵玉明认为，研究中国广播电视，首先要了解中国的历史和中共党史，了解了这些历史，就对中国广播电视产生并发展的时代有了一个概括性的认识。赵玉明回忆在北京大学学习的时光，印象最为深刻的一点就是北京大学非常重视文史基础课。当时学习的史学课程包括中国文学史、外国文学史和中国通史等，授课的教师也是中文系和历史系的教师。对于文史课程的系统学习，为赵玉明后来的研究打下了比较扎实的史学基础。

了解历史，才能有效利用搜集到的新史料。因为新史料是零星发现的，是片段的，只有熟悉历史，才能把新史料放置在适当的历史背景下去考察。基于对历史的熟知，赵玉明才能在翻阅中共党史的时候，注意到党的领导人与广播的关系，然后开始寻觅研究课题的相关材料并随时摘录，包括他们对广播的建设、指示，广播演讲，撰写和审阅的广播稿等。

当然，这种搜集，最开始只是零星的、有针对性的。1960年《毛泽东选集》第四卷出版之后，赵玉明就开始关注和搜集毛主席关于广播的相关史料，并于1963年在中央广播事业局《广播业务》上刊登了研究文章《毛主席的〈目前形势和我们的任务〉是怎样播送的？》。2003年，赵玉明曾

根据《毛泽东选集》《毛泽东文集》《毛泽东新闻工作文选》《毛泽东传》《毛泽东年谱》《建国以来毛泽东文稿》等有关论述和记载，以及老同志的回忆，整理汇编成《毛泽东同志与广播电视》，以纪念毛泽东诞辰110周年。[①]

延安台所用的第一部广播发射机是周恩来在1940年春天从苏联带到延安的。当年党中央成立的广播委员会，主任也是周恩来，这段历史非常珍贵。根据平时搜集的周恩来与解放区广播的史料，在1998年周恩来诞辰100周年之际，赵玉明编辑成文《周恩来与广播电视》（上、中、下）。此后，赵玉明专门搜集的领导人与广播的对象扩展到刘少奇、邓小平和陆定一等，内容也扩展到相关视听工具、题词、书信等。

从宏观上看，赵玉明深受中国革命史和中共党史的影响，《通史》的分期基本上是按照中共党史、中国革命史和中华人民共和国史的分期模式处理的。在赵玉明看来，我国广播电视作为政治性极强的舆论宣传工具，它的成长和发展特别是宣传内容和社会影响都与一定时期的政治环境密不可分。赵玉明在评价各个时期广播电视事业的发展和特点时，均将广播电视事业放置于当时的时代背景和历史环境中进行解读。在论述各个历史时期广播事业的发展和特点时，赵玉明总是先要梳理这一时期的时代背景，然后分析总结这一错综复杂的历史背景下产生和发展起来的广播电视事业的特点。比如，赵玉明这样分析民国时期广播的特点：古老的中国自从1840年鸦片战争以来，逐步走向半殖民地半封建的社会。1911年，孙中山领导的辛亥革命推翻了长达2000年的封建王朝统治，建立了中华民国。但是，中国的社会性质并未发生根本的变化，仍然是半殖民地半封建的社会。帝国主义、封建主义和官僚资本主义依然统治着中国。与此同时，不

---

① 赵玉明.毛泽东同志与广播电视［J］.中国广播电视学刊，2003（12）：11-14.

堪压迫和剥削的中国人民在中国共产党的领导下，同帝国主义、封建主义和官僚资本主义统治展开了不屈不挠的斗争。在上述错综复杂的历史背景下产生和发展起来的民国时期的广播事业有三个明显的特点……①

再如，赵玉明第一次捧读当时刚刚问世的《新华通讯社史》第一卷（1931—1949，以下简称《社史》）的同时，又翻阅了《中国共产党历史》第一卷（1919—1949，以下简称《党史》）。两书互相参阅，发现凡《党史》中20世纪30年代以后的重大事件，在《社史》的相应章节中几乎均有不同程度的反映，赵玉明强烈感受到一部社史乃半部党史。②这段描述也从一个侧面反映出党史对赵玉明广播电视史学的重要影响和作用，即凡是党史中记录的重大事件，在赵玉明广播电视研究中也有不同程度的反映。从人民广播诞生的那一天起，在党的领导下播发的重大消息、评论和通讯等广泛传播，为抗日战争和解放战争的胜利、中华人民共和国的改革和建设发挥了独特的、不可替代的作用，谱写了中国广播电视史上浓墨重彩的篇章，同时也构成了中国共产党部门史不可或缺的组成部分。毫不夸张地说，一部《通史》也是半部中国革命史和半部党史。

历史给人以智慧也给人以启迪。赵玉明在指导薛文婷博士的论文时，感觉近代体育传播史长达百年（1840—1949），体育传播的事例多多、不胜枚举。唯有联系近百年中国近现代史的发展，最后提炼出"启蒙救亡是近代体育传播的时代主题"，从而提升了论文的理论水平，增添了论文的理论色彩，最终成为一篇公认的优秀博士论文。

（二）专门史与部门史——与广播电视史相关

在搜集材料的时候，赵玉明还注意到与广播电视相关的一些单位和部

---

① 赵玉明.试论中国广播电视发展的历史分期及其特点［J］.现代传播（中国传媒大学学报），2007（4）.

② 赵玉明.一部社史 半部党史——《新华通讯社史》第一卷读后［J］.新闻战线，2011（6）：74-75.

门。比如，与人民广播无线电技术相关的是第四机械工业和通信兵部。进入北平（今北京市）之前，无线电技术归部队管（傅英豪当时就是中央军委三局直属九分队队长），中华人民共和国成立后，一部分归部队通信兵部，另一部分归电子工业部和邮电部。这些单位也有学者研究他们的历史，其中也有和广播有关的。20世纪80年代，赵玉明和这些单位都有联系，从这些单位获得了不少关于广播的材料。至今，赵玉明还存有《中国人民解放军通信兵历史文献资料汇编》《抗日战争时期通信兵大事记》《电子工业史料》《中国人民解放军通信兵史》《王诤传》《怀念王诤》等史料，都是当年研究解放区广播史时从上述单位得来的。

另外一个与解放区广播相关的单位就是新华社。在中国共产党领导下创办的第一座广播电台——延安新华广播电台，从开播之日起直至中华人民共和国成立之后的一段时间，对外呼号为延安新华广播电台，后改名陕北新华广播电台、北平新华广播电台，但内部机构上一直是新华社的组成部门，起初称为广播科，后改为口头广播组、语言广播部（简称口播部）。也就是说，延安（陕北）台的历史即新华社语言广播的历史，如果不了解新华社的历史，也就难以着手研究人民广播史。赵玉明因此和新华社从事社史研究的人员交往频繁，切磋不断，获益匪浅。改革开放初期，赵玉明还同他们一起到延安、瓦窑堡等地调查新华社的历史旧址，也是延安（陕北）台的历史旧址。那次考察是赵玉明对延安台的第一次考察，为后来专门组织的对延安台旧址的考察提供了思想上和组织上的准备。为纪念新华社成立50周年，赵玉明还应邀为新华社刊物《新闻业务》撰写《新华社在革命战争年代的语言广播》一文。赵玉明获赠《新华通讯社史》，在里面又发现了之前未知的新广播史料，修正了他之前对于英语口语广播开播时间的误判。[①] 之后，赵玉明作《一部社史　半部党史——〈新华通讯社

---

① 赵玉明.一部社史　半部党史——《新华通讯社史》第一卷读后 ［J］.新闻
　战线，2011（6）：74-75.

史〉第一卷读后》发表于《新闻战线》，后与艾红红合写《用历史烛照未来　以创新引领成长——写在新华社建社80周年之际》，均被收入《光荣与梦想——"新华社80年历程回顾与思考"学术研讨会文集》。

广播电视的历史是新闻史的重要组成部分。当年，赵玉明刚走上广播史的教学岗位，便回到中国人民大学重上新闻史的课程，并向方汉奇老师请教如何搜集广播史料。方汉奇当时提醒他可以从报刊中找广播史料，广播方面的大事，报刊上总会有记载的。从此，赵玉明开始从党报党刊上寻找人民广播史料，之后逐步扩展到从各类有关报刊和图书档案中寻找民国时期各种官办、民办乃至外国在华办广播的史料。1970年，赵玉明等在参加中央广播事业局为筹办延安广播历史展览而组织的对延安台历史的调研活动中，从山东《大众日报》上发现了延安新华广播电台于1940年12月30日首次对外广播的报道。这与其他一些"老广播"的回忆两相印证，得出延安台的筹建可以追溯至1940年春天，而首次播音的日期是1940年12月30日的结论。赵玉明为之进行的细密考证，和最后形成的调研报告，为后来中国人民广播事业创建纪念日的更改提供了重要前提和基础。

（三）地方史志——研究历史的重要切入点

地方史志，也就是按一定体例全面记载某一时期、某一地域的自然、社会、政治、经济、文化等方面情况的书籍文献。地方史志是研究历史的重要切入点，对于开展微观历史研究具有重要价值。赵玉明一直把地方史志作为广播电视史学研究的重要参考。尤其是对于当代广播电视的研究，赵玉明较多地从这些方面搜集和考证史料。赵玉明在2004年7月中国新闻史学会参与主办的全国高校新闻传播史师资培训班的提纲中，列出了自己文字史料的十方面来源，其中的年鉴手册类和史志丛书类，很大一部分指的就是地方史志。

赵玉明认为，地方史志的"地方"是相对于全国或中央而言的，地方广播电视史志的研究和编写，对中国广播电视历史的教学和研究工作具有多方面的意义。其一，具有开拓性。中国广播电视史的研究是从地方开始的，先有某地或多地广播电视史的研究，经过若干年的积累和丰富，然后才有全国广播电视史的写作。其二，在我国，由于历史的原因，地方广播电视史除地域特点外，还有某种特定性，如上海"孤岛"时期广播、日伪沦陷区广播、延安广播、解放区广播、少数民族广播电视等，这些都构成了广播电视史不可或缺的组成部分。另外，地方广播电视史的研究成功，对于充实、丰富和修订中国新闻史的内容，具有不可替代的作用。

20世纪50年代末到"文革"前，广播正在通过有线、无线等各种方式逐步普及，电视则刚出现不久。因此，在这段时期，广播电视还没有单独形成志书的条件，部分地方史志中包含广播方面的内容，对于电视则基本没有涉及。比较早收入广播方面内容的志书是北京市和甘肃省的志书，辽宁省抚顺市清原县《清原县志》也记述了广播站、报纸、杂志、新闻等内容。20世纪80年代初，新编地方志工作掀起高潮，中国的广播电视也进入了一个飞速发展的时期，开始有了专门的广播电视志。[①] 为了深入广播电视史学研究，并指导学生，赵玉明购买了《中国地方志辞典》，补订了全套的《中国地方志》杂志，还搜集了省、地、县三级的广播电视志书200多种。

21世纪初第二轮修志中，有些地方编修广播电视志主要依靠"年鉴"提供史料。对此，赵玉明认为，虽然"年鉴"提供了丰富的史料，但从"年鉴"转手而来的材料，已经是第二手甚至更多手，而广播电视志应当努力寻找第一手材料。广播电视志除了要记录新出现的事物外，还要记录

---

① 赵玉明，刘书峰.首轮广播电视志编修的回顾和展望［J］.现代传播（中国传媒大学学报），2012，34（7）：123-128.

正在消失或已经消失的事物，全面表现一个事物发展的全过程，需要进行更细心的甄别、更耐心的调查。① 为此，赵玉明还提出了"二主二辅"② 的多元化搜集资料渠道的方法。

赵玉明不仅自己高效率地利用地方志治史，研究地方史志，而且还积极推进地方志的编撰工作。至21世纪初，省级广播电视志除了宁夏回族自治区外全部出齐，其中大多数是广播电视单独立志，也有少数省级志是与报刊合志的。此外，还出版了一批地、市、县级广播电视志。赵玉明认为，首轮广播电视志从总体上反映了中国广播电视从无到有、从小到大、从弱到强的发展历程，但对民国时期的广播史实记述不足，对中华人民共和国广播电视发展中的失误记述不足。1997年起，赵玉明担任中国广播电视学会广播电视史研究委员会会长期间，规划并组织了四届中国广播电视史志研讨会，通过制定研讨规划、编撰专业史书、开展经验交流和史志专著评奖等一系列活动，汇集各方力量，合力推动全国广播电视史志编修工作的开展。

（四）杂文与小说——反映当时社会历史背景

古人曾有以诗文证史的传统。清代史学家章学诚曾说："文集者，一人之史也。"赵玉明研究广播电视历史，亦把同时期的文集、小说等当作史料证史。赵玉明认为，此类史料与正史有着不同的观察与叙事角度，因此，在利用这些材料考证历史时，可以辩证地通过史料做曲折委蛇的辨析，以达成自己所透视、理解的新结论。赵玉明就曾在《中国现代广播简

---

① 赵玉明，刘书峰.首轮广播电视志编修的回顾和展望［J］.现代传播（中国传媒大学学报），2012，34（7）：123-128.

② 即应以政府管理部门供稿为主，以直接向大型广播电视集团、台、站联系供稿为主；以走向社会、调查研究为辅，以搜集会议文件、报刊资料为辅，尤其是走向社会进行调查研究。这样既可以保证广播电视志的权威性，又扩大了广播电视志资料的覆盖面，保证了志书的真实性、完整性。

史》中引用茅盾的《对于时事播音的一点意见》，也曾引用茅盾1936年主编的《中国的一日》和1938年创作的长篇小说《第一阶段的故事》^①，评述上海的民营广播在1937年七七事变和八一三事变前后的变化。

茅盾的《对于时事播音的一点意见》发表于1937年8月28日，正是上海八一三事变之后的第15天。文章既赞扬了当时上海广播电台轰轰烈烈、有声有色的抗日宣传活动，也指出了它存在的缺点和不足。由于这篇文章在抗日战争宣传史和中国广播史上的重要价值，赵玉明在《中国现代广播简史》中曾引述文章中的部分论述，并在附录中收录全文。此前，赵玉明参与编纂的《旧中国的上海广播事业》一书中也收入了茅盾的这篇文章。茅盾主编的《中国的一日》附录中记录的1936年5月21日上海民营台播出的戏曲、歌曲节目^②，反映了茅盾对抗战前上海商业广播节目的批判态度。《第一阶段的故事》则以艺术形式再现了上海"八一三"抗战情景，在多处描写了上海民众收听广播、募捐钱物的情节。这三篇文章互相映照，从侧面反映了旧中国上海民营广播在这一阶段的变化。

作为一种史料，杂文与小说在反映历史方面同样具有"通性真实"。毕竟作者无论骋其冥想至何程度，而一涉笔叙事，总不能脱离其所处环境，不知不觉遂将当时社会背景写出一部分以供后世史家取材之用。^③

赵玉明在《鲁迅论三十年代的上海广播》一文中即援引鲁迅1934年发表的杂文《偶感》《知了世界》《儒术》《奇怪》等，以佐证当年上海民营广播电台的节目。鲁迅有关广播的杂文，目前发现的虽然仅三五篇，但对我们深刻认识旧上海商业电台的性质具有重要的启示意义。^④

---

① 现已收入《茅盾文集》第4卷，人民文学出版社1984年第1版。
② 根据记载，当日播出歌曲节目有《爱往何处去》《爱如花月》《双料情人》《小野猫》等，戏曲有《火烧红莲寺》《劈三棺》《英雄难过美人关》等。
③ 梁启超.中国历史研究法［M］.北京：中华书局，2009：52-53.
④ 赵玉明.谁是最早评述广播节目的中国作家——致《学刊》编辑部的信［J］.中国广播电视学刊，1997（11）：68-69.

1927年大革命失败后，鲁迅自广州到上海，至1936年去世，在上海度过了人生最后的十年。而这十年正是上海广播事业蓬勃兴起的十年。据查，鲁迅在上海的家里并没有收音机，但是他居住的弄堂里，却不乏拥有收音机的人家。另外，鲁迅经常浏览上海滩的各种小报，广播节目介绍和广播词曲也比比皆是。这些都成为鲁迅剖析上海民营电台形形色色的广播节目腐朽没落本质的资料。[①]1934年7月8日，鲁迅在《知了世界》中，通过炎热夏季，富人收听广播消闲享乐，穷人在死亡线上挣扎的强烈对比，揭示当时广播为剥削阶级服务的本质。同年5月20日，鲁迅在《偶感》中，描述了上海滩光怪陆离的现象，反映了当年上海民营电台的另一个突出特色：通过播出戏曲、弹词、佛经等传播封建伦理道德和迷信思想，以迎合上海小市民的低级趣味。

从这些评述中不难看出，鲁迅对当年上海民营广播节目是持批判态度的，与鲁迅其他杂文对当时社会弊端的深刻剖析是一致的。赵玉明发现，类似的批判也出现在鲁迅1933年1月31日的杂文《电的利弊》中。更值得一提的是，鲁迅在前文提及的《偶感》中，列举了电灯、镁光灯、无线电广播在旧上海的光怪陆离的表现后，一针见血地指出，新的科学技术一旦传入当时处于半封建半殖民地的中国，"便如落在黑色染缸"，化为剥削阶级手中的"济私助焰"之具。

当然，杂文或小说类记事或不无失实之处，赵玉明的主旨也不是用此考证个别事项之准确性，而是阐述当时广播的一般情况。"实录正史，未必皆有据，杂史小说，未必皆无凭，在高鉴择之。"关键即在于学者要以"历史之眼光"[②]去搜索史料，"苟能于官书及私著等量齐观，祥辨而慎取

---

① 赵玉明.谁是最早评述广播节目的中国作家——致《学刊》编辑部的信[J].中国广播电视学刊，1997(11)：68-69.

② 司马光.答范梦得[M]//司马光.司马文正公传家集（卷六三）.上海：商务印书馆，1937.

之，则庶几得其真相，而无诬讳之失矣"。①

二、考证实践：对中国人民广播事业创建纪念日的考订及其意义

我国广播历史上，曾经有两个中国人民广播事业创建纪念日：一个是20世纪40年代中期确定、"文革"前沿用的纪念日，即1945年9月5日；另一个是20世纪80年代初期重新确定的纪念日，即1940年12月30日。中国人民广播事业创建纪念日的确定、更改都与延安台的早期历史有着紧密的联系。②

"文革"以前普遍认为，延安台是1945年9月5日正式播音的。在此之前的1941年皖南事变前后曾经试播，未成。1960年，广院新闻系广播史教研组曾收到中国人民解放军总参通信兵部转来的傅英豪写的一篇回忆录（征求意见稿）③，开始引起大家对延安台开播日期的怀疑。该文比较详尽地回忆了作者本人在1940年秋冬参加筹建延安台及该台开始播音的情况。文中有时间（尽管开始播音的具体时间未写清楚）、有地点、有人物，且又是作者的亲身经历，显然是可信的。

1970年，赵玉明等在参加中央广播事业局为筹办延安广播历史展览而组织的对延安台历史的调研活动中，从山东《大众日报》上发现了延安新华广播电台于1940年12月30日首次对外广播的报道。这与傅英豪及其他一些"老广播"的回忆两相印证，得出一个结论：延安台的筹建可以追溯

---

① 陈寅恪.顺宗实录与续玄怪录［M］//陈寅恪.金明馆丛稿二编（陈寅恪集）.上海：上海古籍出版社，1978：81.

② 赵玉明.中国人民广播事业创建纪念日的由来及其意义［J］.北京广播学院学报，1991（1）：4-12.

③ 该文后来发表于1961年12月31日《人民日报》，题为《第一座红色广播电台》。后又收入《星火燎原》第6集，人民文学出版社1961年12月第1版。

至1940年春天，而首次播音的日期是1940年12月30日。但由于历史的原因，当时既没有考虑到，事实上也不可能提出更改中国人民广播事业创建纪念日的建议。

中共十一届三中全会之后，党的实事求是的优良传统得到恢复和发扬。受1980年春天新华社酝酿更改成立纪念日之事的启发①，温济泽便让赵玉明写了一篇调查报告，和温济泽建议修改中国人民广播事业创建纪念日的信一起上报中央广播事业局。中央广播事业局党组讨论通过之后，报请中共中央宣传部批准，然后于12月23日发出《关于将人民广播诞生纪念日改为1940年12月30日的通知》，同时附上《关于人民广播创建的历史资料》，一起发给各省、市、自治区广播事业局。

因时间仓促，中央广播事业局仅于当年（1940年）12月29日召开了纪念人民广播创建40周年的座谈会。赵玉明为此撰文，并记录座谈会纪要，其《回顾人民广播的战斗历程　发扬延安时代的革命精神——纪念人民广播创建四十周年座谈会发言摘登》一文，署名"本刊记者"，发表在《北京广播学院学报》1981年第1期。

从赵玉明他们在20世纪60年代初期对原来的纪念日产生疑问，到20世纪70年代初期通过详尽的调查研究初步找到问题的症结，此后又通过多方面的说明、论证、宣传，直到20世纪80年代初期，有关领导机关才做出了关于更改中国人民广播事业创建纪念日的决定。人民广播史上一个悬而未决的问题，前后历时20年才得到比较圆满的解决。由此可见，在史学

---

① 新华通讯社原名红色中华通讯社（以下简称红中社），1931年11月7日在江西瑞金革命根据地开始播发新闻。长征以后，红中社于1937年1月改名为新华通讯社。但长期以来对上述历史不甚清楚。中华人民共和国成立后，一直认为新华社是1937年4月"正式诞生"的，并于1957年举办过"创立20周年"纪念大会。后研究发现新华社的历史应该从其前身红中社算起，红中社是1931年11月7日在江西瑞金建立的。这一结论后来被新华社领导机关所肯定，并决定于1981年11月隆重纪念新华社成立50周年。

研究中坚持实事求是的原则，不可能是一条平坦的大路，而是需要我们付出艰辛的努力才可以取得成效。①

历史从来是今天的一面镜子，中国人民广播事业创建纪念日的考证是广播电视系统的一件大事，在广播电视历史上具有重大意义。一是坚持实事求是，恢复了历史的本来面目；二是对于为广播电视事业的创建和发展奉献了自己的大半生乃至毕生精力的老同志来说，是极大的鼓励与慰藉；三是广播电视史学研究人员从中看到了实事求是精神指导下研究的进步，培养了现实工作中的科学态度，坚信只要实事求是，不断钻研探索，必将无限接近真理。②

在中国史学发展史上，历史考证一直占有重要地位。赵玉明等在延安广播历史研究中网罗文献，运用报纸、回忆录、实地调研报等方面的史料，严密考订，实事求是，言必有据，不发空论，不仅在厘清史料、求得史实真相方面做出重大贡献，而且在史学思想方面也贡献了自己的智慧。

第三节　长期计划与持之以恒：坐得十年冷板凳

赵玉明取得成功的另一关键即在于他善于制订长期计划，并按部就班、持之以恒地执行。赵玉明关于广播电视历史的研究，从选择研究领域，到搜集资料与利用，到最后的写作，无不有适当计划与系统安排。一旦确定，则终身勉力而行。

---

① 赵玉明.中国人民广播事业创建纪念日的由来及其意义［J］.北京广播学院学报，1991(1)：4-12.
② 赵玉明.中国人民广播事业创建纪念日的由来及其意义［J］.北京广播学院学报，1991(1)：4-12.

研究首在定题，即选择研究的领域或选题。赵玉明认为定题要因人而异、因材而定。对于广播电视史学科来说，选题既要有历史价值，也要有时代特征，要尽可能定前人未有之选题，有创新之余地。定题之后，接下来就要围绕选题搜集材料了。赵玉明强调，确定研究方向后，多方、广泛地搜集、查阅有关史料至关重要。不掌握丰富的第一手史料，"巧妇难为无米之炊"，就很难写出内容充实的论文来。最后一关是写作。作为广播电视史学科的研究，写作关键在论从史出、史论结合，切忌有史无论和有论无史，这是史学论文的两大忌项。

一、不同时期主要研究领域的规划

赵玉明关于中国广播电视的历史研究大体上由三个部分组成，即民国时期其他性质的广播史、解放区广播史和中华人民共和国广播电视史。赵玉明选择以解放区广播史的研究作为突破口，依次开展民国时期其他性质的广播史的研究、中华人民共和国广播电视史的研究，构成其中国广播电视史研究的"三部曲"。当然，他对这三个部分的研究并非截然分开，而是交叉进行的，一定时期有所侧重。

赵玉明广播电视史学研究先开展的是解放区广播史的研究，主要考虑到解放区广播从某种意义上说，与民国时期其他性质的广播和中华人民共和国广播有着"上挂下联"的关系。当然，这和他刚开始从教的那个时代也紧密相关。另外，"当事人俱在，史料查找方便，易于开展"。具体来说，赵玉明对解放区广播史的研究，大体经历了三个阶段。第一阶段是广院初建前后至"文革"前，赵玉明结合教学需要，参与编印了一些参考教材，并在这个过程中逐步形成一个"解放区广播史"研究计划。第二阶段是"文革"期间，赵玉明为筹办延安广播展览而进行了大量研究工作，搜集了一批珍贵的回忆材料、报刊史料和档案材料。第三阶段是改革开放后，赵玉明参与考证、更改中国人民广播事业创建纪念日；参与征集、编选出版《中国人民广播回忆录》、《解放区广播历史资料选编》和《延安（陕北）新华广播电台广播稿选》及其他解放区广播史料书刊；编辑出版了《人民大众的号角——延安（陕北）广播史话》等。

在上述研究接近尾声之时，赵玉明即全面开展对民国时期其他性质的广播史的研究。实际上，因为教学的需要，赵玉明对民国时期其他性质的广播史的研究几乎是与解放区广播史的研究同步开始的。"文革"前主要是搜集、整理史料的工作，20世纪80年代初继续进行。

上海是我国无线电广播事业的发源地，也是民国时期广播电台的最大集中地。数量众多的上海各类广播电台，长期以来对上海乃至民国时期社会的政治、经济、文化、生活诸方面都有着重大的影响。受郭镇之硕士论文的影响，赵玉明将民国时期的上海广播事业作为对民国时期广播历史研究的突破口，1985年组织汇编出版了《旧中国的上海广播事业》[1]，从1923年1月上海出现第一座广播电台起至1949年5月上海解放后上海市军事管制委员会对上海广播事业实行管制时止，共选辑中外文档案史料369件，报刊资料157件，计53万字。书末附录中收入上海广播大事记、上海广播期刊编目及上海新旧路名对照表。1987年《简史》的出版，标志着赵玉明民国时期广播史研究（含解放区广播史）取得阶段性成果。

之后，赵玉明即开展对当代中国广播电视史的研究，也即对中国广播电视的发展进行通史式的研究。前面也提到，赵玉明1987年受方汉奇之邀参加《中国新闻事业通史》时，受到启发，萌生编写《中国广播电视通

---

[1] 该书1985年12月由档案出版社、中国广播电视出版社出版。据该书"本辑说明"，（该辑）由上海市档案馆主持汇编，参加各项具体工作的有市档案馆档案史料编研室的戴琼瑗、刘光清，广院新闻系的赵玉明、郭镇之和上海市广播电视局办公室的有关人员。收入的外文档案、报刊资料系郭镇之翻译，市档案馆的李雪云校对。全书的校审为戴琼瑗和赵玉明。

史》的想法。接下来就是按部就班地申请课题、立项、组织编写、修改和审定，至课题结项先后用了13年完成。而从最初的酝酿到最后完成，前前后后用了17年。赵玉明曾用一句话概括那段漫长岁月："殚精竭虑，苦乐并存。"2004年，《通史》（上、下卷）作为初步研究成果面世，迄今仍是国内涉及最为全面、时间跨度最长的一部广播电视史学专著，全面反映了20世纪中国广播电视发展的全过程。

与此同时，受其参与编写《新闻工作手册》、《中国大百科全书·新闻出版卷》（广播电视部分）等新闻专业工具书的启发，为适应广播电视史教学和研究的需要，赵玉明感到有责任也有必要编纂一本比较全面、系统的广播电视辞书①，然后就是数十年的呕心沥血。1989年，赵玉明参与主编的我国第一部广播电视专业工具书——《广播电视简明辞典》出版，1999年增订为《广播电视辞典》；1994年，赵玉明参与主编的《中外广播电视百科全书》问世；2000年，赵玉明主编的《中国广播电视人物词典》出版，这一系列广播电视专业工具书的出版从不同侧面反映了我国广播电视事业发展的历程，填补了我国广播电视专业工具书的空白。

综观赵玉明广播电视史学研究历程，每个阶段总有一个目标与计划，从解放区广播史，到《中国现代广播简史》，再到《中国广播电视通史》，由小而大，由专而精，有其一贯性。退休后，赵玉明开始从横向对广播电视历史进行专题的研究。

二、"板凳需坐十年冷，文章不着一字空"

赵玉明长期坚持"板凳需坐十年冷，文章不着一字空"的精神。他不仅自己这么做，也要求他的学生这样做。据哈艳秋介绍，赵玉明长期细心

---

① 艾红红.追踪时代步伐　反映广电事业新貌——访《广播电视辞典》主编赵玉明教授［J］.现代传播（北京广播学院学报），2000（1）：51-54.

搜集资料，早年都是手抄各种资料，做了大量的简报工作，20世纪80年代有了复印机后，开始复印、手抄并行。

赵玉明常教导他的学生在搜集史料方面要做有心人，很多与广播电视有关的史料就隐藏在看书、看报的过程中，不经意间就有重要的资料出现，出现后常常被我们忽略，事后再去查找就费时费力，还可能再也找不到了。做有心人，首先要养成发现资料及时留存的好习惯。

做有心人，不仅体现在资料的搜集、保存方面，更重要的是日后的研究、追踪，顺藤摸瓜、厘清脉络、线索，发现更多的资料和相互关系，形成有价值的发现和成果。资料的搜集如大海捞针，得来十分不易，所以赵玉明把这些资料看得非常重要，"如同自己的孩子一般呵护"，"赵玉明反复钻研、甄别所搜集到的资料，谙熟于心"①。

赵玉明十分善于运用资料，勾连相互关系。哈艳秋认为，赵玉明老师有慧眼识珠的本领，在学生们看来有些广播电视史料无关紧要，但经过赵玉明的手就变成了很有价值的资料，让这些史料经过整理、研究，登上大雅之堂，甚至成为重要的发现。这显然与赵玉明对中国历史的了解有关，所以他能够站在历史的宏观高度审视这些资料的历史价值和实用价值。在资料汇集到一定程度时，赵玉明就着手写文章发表，把自己的研究、发现见诸文章，形成研究成果。例如关于毛泽东、刘少奇、周恩来、邓小平等党和国家领导人关心、重视发展广播电视事业的文章，就是在众多资料中反复推敲、打磨完成的。

赵玉明对解放区广播史的研究前后近30年，《中国现代广播简史》从酝酿到出版也用了20多年，《中国广播电视通史》用了17年。赵玉明之所以能做如此大规模、系统性的研究，与其学术研究一向讲求计划性，按部就班，讲求札记功夫与资料汇编有关，又与他能心无旁骛、自甘寂寞，

---

① 据哈艳秋接受笔者采访时对赵玉明的评价。

"坐得十年冷板凳"有关，故其研究效率甚高，他的学术著作的数量与质量在同辈学者中罕有其匹，可谓著作等身。古人曾谓："作史者……譬如大匠之为巨室也，必先定其规模，向背之已得其宜，左右之已审其势，堂庑之已正其基。于是入山林之中，纵观熟视，某木可材也，某木可柱也，某木可栋也，榱也，某石可础也，阶也。乃集诸工人，斧斤互施，绳墨并用，一指挥顾盼之间，而已成千门万户之巨观。"[①]综观赵玉明广播电视史学研究，笔者肃然起敬。

---

① 戴名世.史论［M］//戴名世.戴名世集（卷十四）.王树民，编校.北京：中华书局，2000：405.

第四章 赵玉明广播电视史学思想的
形成理路

古人有"知人论世"之说，研究一个人的学术思想，必须了解他成学的原因，而从其生平与个性方面来解释作品，亦不失为一种基础而有效的研究工作。然而知世不易，知人亦难，唯有古人所谓设身处地，揣情度变；虚心求之，平心论之是也。①因此，在研究赵玉明史学之前，有必要先对他的生平与学术道路做一番考察，旨在突出其学术渊源与治史趋向。

第一节 教育因素

一、潜移默化的家庭教育——朴实学术品格的影响

一般来说，一个人的成就和他的家庭环境是分不开的，殷实的家庭固然能够提供良好教育的基础，贫困的家庭也可能激发坚毅向上的志向；书

---

① 戴名世.史论［M］//戴名世.戴名世集（卷十四）.王树民，编校.北京：中华书局，2000：405.

香门第可以做学业思想上的浸润传承，世代白丁亦可造就务实求真的品性。赵玉明从最初的教育到后来职业道路的选择，诸多方面都存有父母和家庭影响的烙印。因而，赵玉明广播电视史学思想的形成理路中，家庭因素的影响值得关注。

赵玉明于1936年在山西省汾阳县（今汾阳市）康宁堡村出生。父亲赵润发（1909—1954），祖辈世代务农为业。赵润发虽然上过几年私塾，但10多岁时就到天津一家颜料庄做学徒，经过多年打拼，与几位同乡合开了裕中颜料店。赵玉明认为，他的父亲几乎没有读过什么书，在他之后的学业上也几乎没有给他什么指导，只是为他最初的小学教育提供了较为殷实的物质基础。

其实父亲的影响远比赵玉明自己所认为的要深远得多。即使赵润发自己没有接受多少教育，但显然，他对教育在个人成长和命运中的作用是有着深刻认识的。这表现在当他具有一定的经济基础之后，便于1942年将6岁的赵玉明接到天津接受教育，全家因此举迁天津。据赵玉明回忆，仅读过几年私塾的父亲望子成龙，将他送到一所私立小学就读。父亲显然不仅是让赵玉明接受教育，而且是在能力允许的范围内让他接受良好的教育，并时常亲自监督他的学习。

如果说父亲为赵玉明较好地完成小学教育提供物质保障的话，接下来的初中三年，既是赵玉明学业节节上升的时期，也是他少年生活遭遇重大挫折的时期。但这期间，一直不变的却是父母对他学业上的精神鼓励与支持。

1950年，赵玉明初中二年级时，家中发生变故，先是父亲经商不顺，不久又疾病缠身，后携赵玉明的母亲和弟弟由津返乡，赵玉明只身留津继续读书。这对一个从未离开过父母的抚育呵护，如今却要孤身一人过日子的十四五岁少年来说，其困难可想而知。但苦难的生活没有磨灭赵玉明的学习意志，反而燃起了他战胜困难的无比坚定的信念。两年后，赵玉明以优异的成绩考取了慕名已久的天津市第三中学。

赵玉明的母亲王富兰（1917—1996），曾在赵玉明父亲到天津经商后，独自留在山西老家照顾家庭和年幼的赵玉明。赵玉明在母亲的教诲之下度过了自己的童年和少年时代，潜移默化地深受其影响。以后来赵玉明能够独自在天津顺利完成学业来看，母亲的独立、坚毅和隐忍，已经深深融入他的血液和灵魂。

赵玉明高中的学习一天也没有中断过。即使是父亲去世，赵玉明也只是在1954年初冬收到母亲来信之后才知道的。母亲在信上说：父亲已去世，勿悲，安心学习，余事寒假再议。显然，母亲认为父亲既已去世，正在天津上学的赵玉明知道也是无益，还徒增负担，耽误学习，也就没有在当时告诉他。这种注重实际的态度对赵玉明影响甚深。

1955年的寒假，赵玉明怀着复杂的心情回到了家乡。这时，赵玉明高中即将毕业，是继续上学，还是参加工作，挣些钱补助几乎一无所有、濒临破碎的家？在艰难的选择面前，母亲却说了一句让赵玉明终生难忘的话："要能考上，你就接着上，家里怎么也过得去。"正是在母亲这句话的激励下，赵玉明坚定了自己的决心，继续读下去，争取考大学。[①]母亲的坚持和赵玉明的努力，终让他于1955年考入北京大学。若非如此，赵玉明的人生轨迹应该会是另一番景象。

显然，赵玉明与父母，不仅有生命上的延续，更有精神上的传承。正是经历了家庭的苦难和磨炼，正是父母的身教和言传，使赵玉明积累了人生的经验，塑造了求真务实的品格，从而更懂得热爱和珍惜自己的事业和生活。后来历经各种政治风浪和生活苦难的赵玉明，在广播电视史学研究

---

① 赵玉明.难忘三年"铃铛阁"［M］//赵玉明.赵玉明文集（第一卷）.北京：中国广播影视出版社，2014：53.

道路上艰苦卓绝的志行，正像是其父母的缩影。

二、学校教育的浸润——夯实通识知识基础

"文章一开头，就文势壮猛，阵容威严，而且对于全文发挥着统领、贯穿、投射、增辉的作用。那种易于让人相信、易于让人接收、易于让人认同的认识因素、情感因素、文化因素一起涌流，共同激荡，形成了一股强大的灌注力量，营造出浓浓的'皆可信'的氛围。"[①]虽然陈尔泰在这里是要讥讽赵玉明起草的《延安新华广播电台筹建及试播始末》开头语营造的"皆可信"氛围，但也从另一个方面认同了赵玉明的文史修养。因而，在赵玉明广播电视史学思想的形成理路中，教育的作用值得重视。

据赵玉明回忆，在通澜初中时期，对他影响最大的是班主任张宝珊。张宝珊老师在他的地理课上，要求学生每周画一幅分省地图作为作业上交，激发了学生求知上进的欲望，锻炼了学生动手制图的能力，也使赵玉明受益匪浅，终生难忘。在后来赵玉明主编的《中国广播电视通史》一书中，为了更直观地还原历史，他设计了100多幅插图，其中有的就是赵玉明根据有关资料自己设计的，如延安（陕北）台转移路线示意图、国际台听众来信示意图等。

赵玉明高中就读的天津市第三中学是一所百年名校，学养深厚，名师荟萃。20世纪50年代初，全校荟萃了一批文理科执教10多年的名师，既坚持以教学活动为中心，又重视学生的思想教育，同时大力开展文体课外活动。高中三年先后为赵玉明授业的教师均为津门一时名师。他们教学的特点是：文科学识渊博、谈吐风雅、擅长启发；理科概念清晰、分析透彻、重视实验。学校的培育和名师的薰教为赵玉明之后的教学研究工作打下了坚实的通识知识基础。

---

① 陈尔泰.延安台开端史实［M］.北京：中国广播电视出版社，2013：188.

北京大学的求学经历则给赵玉明打下了坚实的新闻学史论基础。北大中文系重视文史基础课，本科生的第一学年和第二学年，文艺理论、中国文学史、语言学概论、古代汉语、现代汉语、逻辑、外国文学史和中国通史等课时甚多。大班上课，听课都要记笔记，两年下来，赵玉明的记录功夫大增，丰富多样的文史课为他打下了比较坚实的文史基础。

北大的课外阅读条件也很好，学习氛围浓厚。中文系办公室所在的文史楼第三层是文史阅览室，一般的文科书都可随时借阅。借不到的书，可以到北大图书馆中查找——北大图书馆藏书之多甚是有名。当时，新闻专业还有一个单独的新闻馆是两层小楼，一层阅览室摆放着全国主要的报纸，在这里还可以看到《参考消息》——当时是新闻专业学生的特权。

另外，北大校内外名家讲座不断，进一步开拓了学生的视野。赵玉明回忆，学校经常邀请校内外乃至国内外的著名专家学者开设讲座，如山东大学陆侃如教授讲文学史，著名作家萧乾讲采写《万里赶羊》的体会，北大副校长、历史系主任翦伯赞谈访日经历，地质地理系主任侯仁之讲燕园史地知识，还有英国《工人日报》记者阿兰·魏宁顿开设采访写作讲座。

之后，赵玉明在人民大学的学习则是理论与实践的结合和反思。当时，系主任安岗（时为《人民日报》副总编辑）在上课时，结合其前一天在报社处理稿件时遇到的问题，讲解《人民日报》的版面安排、标题制作，有时还传达中央领导关于报刊宣传的指示。课后，同学们对照当天报纸进行研读，顿感获益良多。

第二节 个人兴趣

赵玉明对广播电视史学的偏好，源于他对历史的偏好，而他对历史的偏好，最早可以追溯到他在小学时对历史故事"小人书"的着迷。小学期间，民间传说、历史故事的"小人书"成了赵玉明的一门业余功课，并一发不可收拾，还曾一度影响了他的课业成绩。但这些破旧的"小人书"为赵玉明开辟了一个新天地，为他的童年生活打开了一个新鲜世界的大门。兴趣是最好的老师，这一阅读经历，点燃了赵玉明对历史的毕生热情。

一、获益终生的一本书

中华人民共和国成立之初，中学历史课的教学中加强了对中国革命史的教育。但当时的中学教师都是从旧社会过来的，讲起中国古代史来，驾轻就熟、有声有色，讲起现代史，内容却简单生硬，显得力不从心。当时赵玉明正处于求知欲极强的少年时期，既然课堂上的讲解满足不了他对中国革命史的兴趣和渴求，课外参考书就必不可少了。在赵玉明的记忆里，在通澜初中时期，他遇到了令他受益终生的一本书——胡华主编的《中国新民主主义革命史参考资料》（以下简称《资料》）。

《资料》一书按历史时期，从五四运动到抗战胜利分为四编，每编又分为"重要历史文献与论著"和"史实补充"两个部分。全书内容厚重充实，在此后赵玉明求学的历程中对其大有裨益，亦深刻地影响了他治学的路径和思想的取向。赵玉明对这本书的阅读、理解和利用有一个认识的过程。中学时期，他对书中的"史实补充"部分最感兴趣，也使他对现代史上的若干重大事件有了初步的感性认识。大学时期，书中的"重要历史文献与论著"部分恰恰成为他学习政治理论课和新闻史论课经常翻阅的重要参考材料。从事中国广播电视史的教学工作后，赵玉明又从《资料》一书中受到启示，边搜集"老广播"写的回忆录，类似书中的"史实补充"部分，边搜集有关广播的论著，类似"重要历史文献与论著"部分。"文革"前，赵玉明还尝试着编印了两三本广播史资料的小册子。经过二三十年的不懈努力，在充分占有史料的基础上，赵玉明著书立说。与此同时，一门新兴的学科——广播电视史学科终于逐步建立起来，并获得新闻史学界的认同。

二、兴趣是最好的老师

大学时期，根据当时所学历史课程，赵玉明翻阅的课外史书主要涉及三个方面，一是联共（布）党史，二是中国古代史，三是报刊史。这一时期的历史学习和课外阅读对其后的研究有直接影响的是联共（布）党史的研读方面，这一研读从他大学时期一直持续到工作之后，在温济泽开始编选马克思、恩格斯、列宁、斯大林关于报刊的论述时，赵玉明敏锐地联想到列宁与广播的片段，便建议将列宁关于广播的论述也一起编入，更能够体现广播学院的特点，这就是后来的《马克思恩格斯列宁斯大林论报刊　列宁论广播》。

因为教研的需要，更因为对现代史的兴趣，赵玉明工作之后广泛涉猎中国现代史、中国革命史和中共党史方面的史书。显然，被赵玉明称为"三史"的史书，提供了中国现代广播事业的广阔时代背景，深刻影响了赵玉明的中国广播电视史学发展观，也促进了他对广播电视历史的宏观把控和深入研究。

第三节　友朋影响

相较于家庭和学校教育，"朋友"同样是影响赵玉明个人发展与思想形成的重要因素。赵玉明认为，作为一名高校的教师，必须积极参加社会上与自己专业相关的学术活动和学术组织，这样才有机会与同行相互交流、切磋，才能使自己思路开阔、了解前沿。在教学研究和学术交流中，与人为善的赵玉明交友颇多，在广播电视史学研究方面亦多得朋友之助。他们或影响了赵玉明广播电视史学思想的形成，或指导其具体的广播电视史学教研方法，或在广播电视史学研究中与其合作以支持，或者兼而有之。限于篇幅，以下选择三人进行重点阐述。

一、温济泽：教研方法的引导者

温济泽（1914—1999），中国共产党的新闻广播活动家与新闻教育家。他早年投身革命，不仅为解放区广播事业的创建以及中华人民共和国广播事业和新闻教育事业的发展做出了可贵贡献，而且在哲学、科学普及、中共党史、新闻学、广播电视学等研究领域中都有着重要的建树。

赵玉明和温济泽相识于1960年春天。温济泽被错划为"右派分子"，分配到广院新闻系工作，半年之后，他又到了赵玉明所在的广播业务教研室。"他不是我的上级领导，但却是一位难得的良师益友。"在广院共处的10多年中，温济泽孜孜不倦、勤奋工作的身影时刻激励着赵玉明努力前行。赵玉明也把在广播史备课中遇到的难题，从教学的指导思想和方法、史料的搜集和编纂，到解放区广播史中的一些细枝末节等，一一向他请教，并多次听他讲课。之后，赵玉明还参与了温济泽主编的《广播稿选》《马克思恩格斯列宁斯大林论报刊　列宁论广播》，以及倡议更改广播纪念日等活动。赵玉明与温济泽的忘年之交近40年，在他的帮助下，赵玉明初步掌握了研究中国广播史的正确方法。[1]

（一）广播史研究要大量积累史料

刚开始工作的一段时间，赵玉明对观点和材料的关系问题感到困惑，

---

[1]　赵玉明.温济泽同志和广播电视史学研究工作［M］//方实，杨兆麟.永远的怀念——温济泽纪念文集.北京：中国国际广播出版社，2002.

便直言向温济泽请教。温济泽告诉他，观点有一个形成过程，但材料要尽可能多地掌握。①温济泽认为，"巧妇难为无米之炊"，一定要掌握丰富的第一手材料。没有大量的资料积累，就做不好广播史的教学和研究工作。后来，在1986年10月中国广播电视学会成立大会上，温济泽系统地阐述了广播电视研究的指导思想、原则和方法，并以广播史的研究为例，强调必须采取严谨的科学态度，要先广泛地搜集材料，充分地占有材料，特别是第一手材料，同时对材料进行全面、系统、周密、深入的研究。在温济泽的指导和帮助下，赵玉明在中央广播事业局档案室（今国家广播电视总局档案室）找到了一大批解放战争时期的珍贵广播史料，为以后解放区广播史的教学和研究工作奠定了可靠的基础。

（二）广播史研究要充分利用史料

广播史料是再现广播历史的基本素材和依据，也是广播史教学研究的基础，广播史的无穷魅力就在于它包含了大量丰富的史料和内涵。离开了史料，广播知识就成了无本之木。为了充分利用千方百计搜集到的人民广播史料，总结人民广播的历史和经验，方便研究和学习广播史的老师和学生查阅，温济泽最初将上课时作为例稿的10篇广播稿辑在一起印了一本小册子——《陕北台广播范文选》，对其中收入的毛泽东写的广播稿的播出背景做了认真的注释。之后，赵玉明协助他又增选了延安（陕北）台的部分稿件，编成《广播稿选》，当时收入书中的朱德、王震、郭沫若等同志的广播演讲稿，都曾抄录并送请本人审阅。后来还增加内容一起编印了第二本《广播稿选》。

在这期间，为供教学参考，温济泽开始编选马克思、恩格斯、列宁、斯大林关于报刊的论述。这时，赵玉明建议把列宁关于广播的论述也一起

---

① 王德平，王永亮.半个世纪新闻路 四十五载广院情——赵玉明教授访谈录［M］//赵玉明.赵玉明文集（第一卷）.北京：中国影视出版社，2014：25.

编入，更能够体现广播学院的特点，这就是后来的《马克思恩格斯列宁斯大林论报刊　列宁论广播》。在第二次编印时，不仅增加了内容，为了慎重起见，还请中共中央马克思恩格斯列宁斯大林编译局的同志做了校订，他们也试加了标题和注释。

1980年，温济泽在纪念人民广播创建40周年座谈会上提议"老广播"撰写回忆录，弘扬人民广播的优良传统。次年，中央广播事业局决定征集人民广播回忆录，具体征稿、编选事务由赵玉明主持。温济泽给予了他大力支持，并率先撰写多篇广播回忆录。

温济泽的充分利用史料、挖掘史料甚至抢救史料的思想和方法对赵玉明的影响无疑是巨大的。在纪念中国人民抗日战争暨世界反法西斯战争胜利70周年之时，赵玉明主编了《日本侵华广播史料选编》。书中入选史料除标题外，内容均保持原貌，甚至还收入了少量的中日文史料影印件。书中每篇史料的题注中也说明了史料的来源和出处。显然，此书的出版及其编写方法与之前温济泽的影响不无关系。

（三）尊重史实，注重调研

不仅注重搜集和利用历史资料，温济泽还是尊重史实的"行动派"，这也为赵玉明的史学研究增添了行动因子。中国人民广播事业创建纪念日和中国人民对外广播事业创建纪念日的更改都与他们有着密不可分的关系。

20世纪70年代初，在共同筹备延安广播史展览时，温济泽、杨兆麟和赵玉明他们意外发现延安新华广播电台的历史开端并不是当时人们认为的1945年9月。对于当时的赵玉明来说，这个意外的惊喜仅仅意味着解放区广播史研究的又一个突破。直到改革开放后，受新华社更改创建纪念日的启发，温济泽建议更改延安新华广播电台的诞生纪念日，并将这一天作为中国人民广播事业创建的纪念日。为此，他让赵玉明执笔写了一篇调查报告，与他的建议信一同发表在《新闻研究资料》上。他的建议得到了中央广播事业局党组的首肯，并报请中共中央宣传部获得批准。

无独有偶，赵玉明在20世纪80年代末90年代初和通信兵部交换有关资料时发现关于1941年12月3日起延安新华广播电台开播日语广播的记录。而当时，人民对外广播事业创建纪念日是以陕北新华广播电台1947年9月11日开办英语新闻节目的时间确定的。这时的赵玉明已经意识到自己的这个偶然发现所蕴含的重大意义，便立刻把这个情况告诉了温济泽。温济泽详细了解情况，认真分析资料，又经过深思熟虑，向当时的国际台台长和广播电视部部长郑重写信建议据此线索，进一步调查研究，若情况属实，可以宣布更改纪念日。国际台对此非常重视，经过深入、周密的调查访问，撰写了调查报告。广播电视部党组正式批准国际台的报告，将中国人民对外广播开播日期确定为1941年12月3日。

（四）广播电视史学应当成为一门独立学科

温济泽是最早提出把广播电视史学作为一门学科来研究的"老广播"之一。早在1986年10月中国广播电视学会成立大会上，温济泽做了《关于广播学、电视学的几点思考》的讲话。他提出将广播学、电视学作为一门独立学科来研究，并以广播史为例，深入阐述了研究的指导思想、原则和方法，强调以科学的方法开展研究。

离开广院之后，温济泽也一直关注广播电视事业，特别是广播电视研究工作。在1983年赵玉明参与筹备的第一次中国广播电视史座谈会上，温济泽以70岁的高龄做了题为《研究广播史的意义和方法》的讲话，强调了广播史研究的重要性及需要注意的几个问题。也是在这次会上，温济泽肯定了赵玉明在广播史学研究中的成绩，并指出："广播史应当成为一门学科，但在今天还没有成熟为一门学科，要使它成为一门学科，还要经过长期的艰苦的努力。"①1994年，温济泽还以八旬高龄亲临赵玉明参与筹备的第三次中国广播电视史志研讨会，并就当代广播电视史研究中的一些问题发表了看法。②温济泽的支持和鼓励对赵玉明是极大的鞭策，使其为广播电视史学的建设做出了更大的成绩。

二、杨兆麟：史学研究的同行者

杨兆麟，1923年出生，曾任新华通讯社重庆总分社、南京分社编辑，新华广播电台编辑。中华人民共和国成立后，历任中央人民广播电台时事政治组组长、国内新闻部副主任、国际新闻部主任，中央广播事业局总编室副主任，中央人民广播电台台长，中华全国新闻工作者协会理事，中国广播电视学会理事。

赵玉明关于解放区广播的研究离不开杨兆麟的支持与合作，两人在对于人民广播历史的探索与交流中结下了深厚的友谊。两人相识于20世纪60年代初期，当时，广院刚开办不久，新闻系组织了很多讲座，中央人民广播电台的每个部主任几乎都被邀请到新闻系来讲课，作为国际新闻部的主任，杨兆麟也在被邀请之列，也因为这个关系，1960年，赵玉明在组织讲座中和杨兆麟认识。

杨兆麟善于讲课，课堂生动有趣，这令当时还是新教师的赵玉明很受触动。2017年，杨兆麟去世后，一位1959级的毕业生在网上悼念称，杨兆麟当年的讲座犹如在眼前。杨兆麟经历丰富，最早在国共合作时期新华通讯社重庆总分社，间接在周恩来的领导下工作。后来作为中共代表团的

---

① 赵玉明.温济泽同志和广播电视史学研究工作［M］//方实，杨兆麟.永远的怀念——温济泽纪念文集.北京：中国国际广播出版社，2002.

② 李晓光.为办好广播不懈探索 为培育英才尽心竭力——赵玉明教授谈温济泽同志对人民广播和新闻教育事业的贡献［J］.中国广播，2014（3）：55-60.

成员，到新华通讯社南京分社任编辑，曾住梅园新村，在登记户口时，户口本上的户主便是周恩来。国共谈判破裂后，杨兆麟随中共代表团到了延安，在延安新华广播电台任编辑。从1947年到延安台至退休，杨兆麟一直奋战在广播的一线。其动人心魄的传奇人生、多姿多彩的记者生涯，丰富了他的广播史课堂，也丰富了他对人民广播的研究工作。

赵玉明与杨兆麟真正合作开始于1970年底筹备延安台的展览中，杨兆麟为筹备组组长，赵玉明作为小组成员与其一起工作了一年左右，共同搜集和研讨延安台展览的资料。20世纪70年代末，接受赵玉明的邀请和建议，杨兆麟写作了其广播工作的回忆录《从延安到北平》，后收入赵玉明主编的《中国人民广播回忆录》中。20世纪80年代，杨兆麟和赵玉明同受温济泽的召集，商议更改中国人民广播创建纪念日之事。1985年，已任中央人民广播电台台长的杨兆麟，组织了大规模的纪念人民广播45周年的系列活动。杨兆麟和赵玉明策划并带领摄制组到延安和陕北拍摄电视纪录片《人民广播风云录》，之后两人再次合作写作《人民大众的号角——延安（陕北）广播史话》，其中前三章由赵玉明起草，后三章由杨兆麟结合亲身经历撰写。

1986年，两人又策划了在广院召开的解放区广播史讨论会，这次讨论会的高规格在广院的历史上是少有的，中央广播事业局来了五位老局长。这当然也和曾任中央人民广播电台台长的杨兆麟有关。

1987年，两人筹划组建了广播电视史研究委员会（以下简称史研会），为中国广播电视学会下的二级学会。史研会汇聚了全国广播电视史志的研究力量，有力地推动了广播电视史研究的系统和深入。之后，两人酝酿申请《中国广播电视通史》的国家社会科学基金项目，史研会的影响力和汇聚合力等因素，为课题的顺利通过和研究工作的顺利开展奠定了基础。之前，两人还共同参与撰写方汉奇的《中国新闻事业通史》，合作撰写了广播电视史部分，由赵玉明负责撰写中华人民共和国成立前的广播史部分，杨兆麟负责撰写中华人民共和国成立后的广播电视史部分。

概言之，杨兆麟与赵玉明从20世纪60年代至21世纪初，一起从事中国广播的研究，其中很多的重大研究成果都是两人一起策划和推动的。可以说，赵玉明每一次重大历史课题的确立和史学研究成果的突破，背后都有杨兆麟的支持和参与。赵玉明本人也认为，没有杨兆麟的支持、建议与合作，他对解放区广播的深入研究和对现代广播的系统研究是不可能顺利完成的。

三、丁淦林：学科发展的相谋者

丁淦林对赵玉明的影响主要是在上海早期广播资料的搜集方面，后来在推动新闻传播学科的独立和发展中与他同心同德，不遗余力。赵玉明曾经这样描述丁淦林与他的情谊：沪上相识，三十年切磋，亦师亦友深获点拨之益；学界有缘，十余载相谋，同心同德共促学科大业。

（一）互启发教研各受益

20世纪70年代末80年代初，赵玉明因搜集、编印民国时期的上海广播史料，多次到上海出差。他们就是在那时相识的。赵玉明曾向时为复旦大学新闻系副主任的丁淦林请教治学之道，与其交流办学经验，探讨寻访史料的方法和途径。丁淦林陪同赵玉明参观复旦大学新闻系资料室，建议赵玉明在前人的新闻学著作中查找相关资料。在丁淦林的指点下，赵玉明从任白涛《综合新闻学》和胡道静的著作中发现了珍贵的广播史料。赵玉明还根据他的提示，到徐家汇藏书楼，从20世纪20年代的《申报》中查到确切的记载，纠正了此前对上海早期广播的某些误传，为后来编选《旧中国的上海广播事业》一书奠定了最初的基础。

正是在相互的交流和启发下，赵玉明和丁淦林在教学、治学和办学方面均有获益。21世纪初，利用几十年积累下的丰富报刊史料，丁淦林主编出版了《中国新闻图史》，以图文并茂的形式反映了我国新闻发展的历史。赵玉明钦佩之余，却也直接表达了自己的意见。赵玉明认为该书美中不足的是，这部新闻图史虽将中国广播电视的产生与发展作为新闻媒体在文字上做了评述，却没有相关的图片资料。他还向丁淦林表示，自己可提供广播电视方面的图片供其选择使用。丁淦林则建议赵玉明主编一本广播电视的专门图史，并很快向出版《中国新闻图史》的南方日报出版社副总编辑赵焜森建议。这即是赵玉明主编、2008年出版的《中国广播电视图史》的由来。①

（二）同相谋促学科大发展

同为著名的新闻教育家和新闻史学者，丁淦林积极参与有关学术组织的活动，为推进新闻传播学学科建设和扩大新闻传播学学科影响做出了重要贡献。自20世纪90年代以来，丁淦林除在复旦大学担任多种学术性职务外，也在中国新闻教育学会、中国新闻史学会和中华全国新闻工作者协会等多个民间社团中担任相关职务。赵玉明因此与丁淦林交流频繁并达成共识：当时新闻界存在诸多矛盾，一方面，新闻学师资数量和水平不能适应迅速发展的新闻学本科教育；另一方面，新闻事业包括报刊、通讯社、广播、电视等的规模扩大与高层次交叉型新闻专业人才缺乏之间的矛盾。归根结底，是当时新闻学的研究生教育发展缓慢。②而这又与新闻学在人文社会科学领域中的学科地位不高和影响力不强有着密切关系。找到问题根源，志同道合的两人极力倡议并推动实现了将新闻学提升为一级学科的

---

① 据赵玉明访谈中提供的资料。
② 自1978年开展新闻学研究生教育以来，截止到1997年，全国只有新闻学博士点两个，10多年没有增加一个新闻学博士点，新闻学硕士点也发展缓慢，尚不足20个，而且招生人数较少。

目标。在翌年国务院学位委员会第四届学科评议组组建时，首届新闻传播学学科评议组成立，方汉奇、丁淦林、赵玉明同为评议组首届成员，方汉奇为召集人。《中华新闻报》1999年1月18日头版头条对此予以报道，并称"这对促进整个新闻传播学的发展具有里程碑的意义"。三人同心协力，讨论、审定了新闻传播学及其二级学科新闻学和传播学的简介；首次审批了新设的传播学博士点2个，增批了新闻学博士点3个；首次审批了新设的新闻传播学一级学科点4个。至2003年，中国人民大学、复旦大学、中国传媒大学和武汉大学拥有新闻传播学一级学科点，中国社会科学院和华中科技大学增设了新闻学博士点，清华大学增设了传播学博士点。与此同时，新闻学、传播学的硕士点大幅增加，覆盖面遍及全国，为21世纪中国新闻传播的学科建设和新闻传播学研究生教育的大力发展提供了新的平台。

这既是丁淦林发展新闻教育事业的理想，也是赵玉明发展广播电视教育事业的宏愿。两人在同心同德、不遗余力的倡议、推动和奔波中，各得其所，目标终得实现。

第五章　赵玉明广播电视史学思想的
传承与突破

在中国的新闻史学史上，发出刹那光华但迅忽暗淡的"流星式"人物很多，但能持续熠熠生辉的"恒星式"人物很少。赵玉明正是这为数不多的"恒星"中的一个，他的广播电视史学思想充实而丰富。那么，如何对赵玉明的广播电视史学思想进行历史定位呢？本章将从他与前一代的新闻史学家方汉奇，以及与后辈广播电视新闻史学者的比较中，考察在时代变迁下，谁影响了赵玉明的广播电视史学思想，谁又继承之。

第一节　赵玉明与方汉奇老师

作为高校教师，赵玉明与方汉奇的教学经历大体相近，先后评定讲师、副教授、教授，招收硕士生、博士生、博士后，最后退休返聘。2009年，方汉奇被授予（首批）荣誉一级教授。赵玉明则于2007年被评为二级教授。方汉奇一生以教师为业，仅担任过几年的新闻系报刊史教研室主任。赵玉明虽因工作需要，先后担任过广播史教研室主任、新闻系副主任、主任以及广院副院长等职务长达10多年，却也一直未脱离教学第一线。同为中国新闻史上居枢纽地位的人物，方汉奇和赵玉明两人的思想同样存在诸多可资比较研究之处。

一、史学道路比较——指引启迪，殊途同归

1956年，北京大学中文系新闻专业中国报刊史课上，赵玉明第一次领略了方汉奇的风采。赵玉明回忆，当时年仅30岁的方汉奇，讲起近代报刊史上的报坛逸事和风云人物，信手拈来，娓娓而谈。赵玉明由此被深深吸引。

方汉奇领衔中国新闻史的研究，以身示范，终身从教，著述等身。赵玉明到广院新闻系任教后，在与方汉奇充满智慧的交往中，赵玉明的广播电视史学道路和思想越来越明朗。

（一）以单篇论文开启史学研究著书立说之路

方汉奇的教学研究之路对赵玉明启发很大。方汉奇著书立说是从单篇报刊史文章开始的（后结集出版），最早的论文《中国早期的小报》，连载于《前线日报》之《新闻战线》周刊上，"文革"前发表的报刊史论文已达到了30多篇。赵玉明在广院任教后，也以单篇论文，即在《广播业务》上发表的第一篇文章《毛主席的〈目前形势和我们的任务〉是怎样播送的？》，开启了自己的史学研究之路。

继之，方汉奇有《报刊史话》通俗之作出版，然后推出《中国近代报刊史》（上、下册）专著，奠定了新闻史研究的基础。此后，他集众人之力于数十年间完成了《中国新闻事业通史》；并从20世纪80年代起陆续推出大学本科教材《中国新闻事业简史》《中国当代新闻事业史（1949—1988）》《中国新闻传播史》；21世纪之初又有《中国新闻事业图史》问世。这些著作多方面、多层次地呈现了近半个世纪以来中国新闻史教学研究的

成果，影响广泛。

考察赵玉明的广播电视史学道路不难发现，赵玉明大体上也经历了和方汉奇相似的教学研究之路。他在参与方汉奇主编的著作时深受启示，将从中学到的研究方法和途径，陆续用于广播电视史的教学研究。可以说，方汉奇在新闻史领域是怎样做的，赵玉明在广播电视史领域也是怎样做的；方汉奇在新闻史领域取得了什么样的成果，赵玉明在广播电视史领域也取得了相应的研究成果。

（二）以协作为基础领衔重大科研项目

方汉奇从事新闻史的研究，不仅自己刻苦钻研、辛勤耕耘，同时善于借力，组织完成重大科研项目。赵玉明在参加方汉奇主持的科研项目时，在独立负责广播电视史部分的锻炼中，不断提高自己的组织协调能力。①

赵玉明参与方汉奇主持的第一个科研协作项目，是1983年启动的《中国大百科全书·新闻出版卷》（第一版）的编纂工作。②在编纂的过程中，赵玉明发现，广播电视方面的条目并不能集中于"新闻出版卷"。"新闻出版卷"只有一般广播电视及广播电视新闻的条目，而广播电视文艺、广播剧、电视剧等则放在"文学艺术卷"内，广播电视技术方面的条目则属于"电子学与计算机卷"。受到方汉奇这个项目的启发，并深感广播电视知识

---

① 20世纪80年代初，赵玉明应广西大学梁家禄约请，参加了他倡议编著的《中国新闻业史（古代至一九四九年）》一书。方汉奇在为该书写的序言中特别称赞该书是"建国以来公开出版的第一部由协作产生的新闻史教材"，"协作精神在任何时候都是值得提倡的。《中国新闻业史（古代至一九四九年）》的编写工作，在这方面为我们开了一个好头，提供了不少有益的经验"。此后，方汉奇在《中国大百科全书·新闻出版卷》（第一版）、《中国当代新闻事业史》、《中国新闻事业通史》和《中国新闻事业编年史》中倡导协作精神。赵玉明也在《中国广播电视通史》、《广播电视辞典》和《中外广播电视百科全书》等编著工作中积极践行协作精神。

② 21世纪之初，赵玉明又参与了《中国大百科全书》（第二版）的有关编纂工作，担任新闻出版学科特约编审，新闻学分支学科副主编，分工广播电视部分的组稿及撰稿工作。

被割裂，赵玉明开始编纂我国第一部广播电视方面的百科全书——《中外广播电视百科全书》。

赵玉明后来也参加了方汉奇的《中国当代新闻事业史（1949—1988）》第一章至第四章中广播电视部分的编写工作。赵玉明参加的《中国新闻事业通史》也是方汉奇的一个科研协作项目，于1986年提出至1999年三卷全部出齐，历时13年之久。1987年，该项目被列入"七五"期间国家社会科学重点项目，并获得国家社会科学基金资助。陆续参加《通史》的人员还包括中国人民大学、复旦大学、中国社科院新闻研究所、《人民日报》社等20个单位的近50人，几乎将国内有关中国新闻史的代表性研究人员"一网打尽"。受此启示，1990年，赵玉明主持申请了《中国广播电视通史》项目，获批国家社会科学基金项目资助，历时14年完成。

（三）借办学会推动史学研究纵深发展

方汉奇虽然执教专业历史，但是他站得高、看得远，视野开阔，能够跟上时代潮流的发展，这也对赵玉明产生了莫大的影响。

1989年4月，由方汉奇牵头申请的中国新闻史学会批准成立。方汉奇任第一届、第二届会长，赵玉明被推举为第三届会长。如果说方汉奇开创了史学会的工作，赵玉明则使史学会落地[①]，并在此基础上进一步提出"求真务实"的办会方针，继续办好相关研讨会；打造学会品牌刊物《新闻春秋》，并在《中华新闻报》和《新闻与写作》上开辟《新闻春秋》专栏；

---

① 中国新闻史学会最先倡议于1988年夏天在长春召开的十七所高校参与的中国新闻史教学研讨会，1989年4月3日经民政部批准成立，并举行成立会议，选举了理事会和常务理事会，选举中国人民大学教授、博士生导师方汉奇为会长，复旦大学教授、博士生导师宁树藩，中国人民大学副教授陈业劭为副会长。但由于经费不足等原因，一直到1992年6月，时为广院副院长的赵玉明，帮助学会解决了办公场地和基本的运作资金问题，才在广院召开了成立大会，通过了学会的章程，产生了第一届理事会，并选举方汉奇教授为会长。因为这些情况，也有人误以为中国新闻史学会是1992年才成立的。

举办"全国高校新闻传播史师资高级培训班""红色报刊大型图书展高校行";开办史学会教学研究基地;创办二级分会,进一步推动新闻传播史的研究向纵深发展。①

1986年,赵玉明参与中国广播电视学会的筹建工作,是学会首届副秘书长之一。与此同时,赵玉明参与筹建该会所属二级分会——广播电视史研究委员会,任副会长,1997年起任会长。赵玉明担任副会长、会长期间,曾先后七次召开中国广播电视史志研讨会,推进中国广播电视史志的编纂工作。赵玉明还曾担任中国人民大学新闻与社会发展研究中心学术委员会委员和北京大学新闻学研究会导师,以及广院广播电视研究中心相应的学术职务。

通过参与相关的学术活动和学术团体,赵玉明在与同行的切磋和交流中,思路更加开阔。赵玉明担任的各种社会职务,也促进他能够进一步组织、推动广播电视学科的研究和发展。

(四)推动新闻传播学科的提升与发展

方汉奇从20世纪50年代研究报刊史起步,并在教学中将报刊史扩展为新闻史,后来随着传播学的兴起和发展,方汉奇又将新闻史扩展为新闻传播史,使其教学适应了新闻传媒发展的需要。20世纪末,方汉奇开始关注我国新闻教育发展的历史。1996年,国务院学位委员会办公室发出调整一级学科设置的有关通知,方汉奇作为国务院学位委员会第三届文学学科评议组成员,趁此机会提出将新闻学提升为一级学科的建议。②赵玉明对

---

① 见方汉奇2009年在中国人民大学新闻学院召开的中国新闻史学会成立20周年纪念座谈会上的发言。

② 当时复旦大学王中教授作为新闻学方面的唯一代表,起初参加法学学科评议组,后转入文学学科评议组。1992年起,方汉奇继王中之后成为第三届学科评议组成员。按照当时的学科目录,共有12个学科门类,在文学学科门类中有3个一级学科,即中国语言文学、外国语言文学和艺术学。新闻学当时被列为中国语言文学内与中国现当代文学、中国古代文学、

此积极支持响应。

受此启发，赵玉明也开始关注和研究新闻学教育，特别是广播电视教育和广播电视学科建设，提出在新闻传播学一级学科内增列广播电视学为二级学科的建议。此时，广播电视史作为一门新兴学科已成为不争的事实。2010年11月24日，教育部办公厅印发《授予博士、硕士学位和培养研究生的二级学科自主设置实施细则》，其中规定，有关高校可在新闻传播学一级学科内自主设立广播电视学为二级学科。

由此可见，广播电视史是新闻史的重要组成部分。赵玉明的广播电视史学道路受到方汉奇新闻史学道路的影响和启示，两人看似在不同的道路上奋力前行，但殊途同归。

二、史学思想的接力与开拓

除了学术道路的殊途同归，在方汉奇史学思想和方法的影响和启迪之下，赵玉明开创了广播电视史研究的崭新天地。

赵玉明刚刚接受广播史的教学任务时，首先想到重返母校找自己的史学老师请教治史方法。赵玉明一边旁听人民大学的报刊史课程，一边向方汉奇请教讲课的方法和如何着手做广播史研究。方汉奇虽然没有做过广播史的专门研究，但广播史和报刊史同属历史研究，既然是历史研究，就要从搜集和整理史料开始。方汉奇告诉赵玉明，广播方面如果有大事的话，报刊上应该会有记载，要自己动手在报刊中找广播史料。方汉奇的指点让赵玉明豁然开朗。"自己动手找广播史料"，成为赵玉明从教一生的出发点

语言学、现代汉语、汉语史并列的二级学科。由此可见，在当时，新闻学的学科地位是比较低的，与当时蓬勃发展的新闻教育是很不适应的，1996年国务院学位委员会办公室发出调整一级学科设置的有关通知。趁此机会，方汉奇在文学学科评议组内提出将新闻学提升为一级学科的建议，获得文学学科评议组的积极支持，将书面报告呈送学位委员会。

和座右铭。[①]

起初，赵玉明是从党报党刊上寻找人民广播史料，之后逐步扩展到各类有关报刊和图书档案。为了将这些分散在各处的广播史料保存下来，让更多的人能看到、利用起来、发挥作用，也方便自己和他人查找和使用这些史料，赵玉明将搜集到的广播史料进行整理，并结集出版。每本编印出版后，赵玉明都会送给方汉奇听取意见。广播史料积累到一定程度后，赵玉明着手写文章发表，把自己的研究、发现见诸文章，形成研究成果。在此基础上，赵玉明逐步走上了从单篇论文到著书立说的研究过程。

赵玉明的专著《中国现代广播简史》于1987年正式出版。方汉奇为该书作序，肯定了该书的价值和突破，同时指出该书在探讨广播事业发展规律、总结历史经验等方面的不足之处。方汉奇语重心长的指教，为赵玉明后来的研究指明了努力的方向。赵玉明在后来的《中国广播电视通史》中采用"寓论于史、论从史出、史论结合"的方法，以每章之后类似小结的文字和每卷书末的结束语，对各阶段广播电视发展的历史经验和规律进行总结和探索。这在一定程度上弥补了《简史》的不足，无疑也是赵玉明对方汉奇期盼的一种回复。

赵玉明将方汉奇治新闻史的思想与方法，创造性地应用于广播电视史的教研领域，开创了属于自己的一方天地。自20世纪90年代以来，方汉奇和赵玉明作为新闻史学和广播电视史学领域的旗帜性人物，先后获得了国务院颁发的政府特殊津贴、全国优秀博士论文指导教师、"金长城传媒奖·共和国60周年60名传媒影响力人物"和中国新闻史学会第二届"终身成就奖"等荣誉称号。

总的来说，赵玉明与方汉奇都是新闻史学史上的重要人物，在新闻史

---

① 赵玉明.一个甲子的师生情——兼祝方汉奇老师九十一华诞［J］.新闻爱好者，2017（11）：44-48.

学领域均有非凡成就。更为重要的是，虽然赵玉明史学思想和方法深受方汉奇的影响，但在具体的研究领域又存在鲜明差异。赵玉明开创的广播电视史研究的崭新领域，是新闻史学研究的重要组成部分，又是对新闻史学研究的重大突破。

第二节　赵玉明与他的学生

复旦大学童兵教授在其主编的《童兵自选集——新闻科学：观察与思考》的《主编絮语》中称："随着新闻传播学研究的日益深化与二、三级学科的不断延伸，一批有全国影响的学术领军人物应运而生。他们中间有王中、甘惜分、李龙牧、方汉奇、张隆栋、宁树藩、丁淦林、赵玉明等一批学界元老。他们是新中国新闻学研究和新闻学教育的开创者、拓荒者。他们有的提出了崭新的理论体系，有的著作等身，有的向国人较早介绍新的新闻传播学说，有的以史论结合的研究方法推动学科建设……在他们的言传身教下，新的一代脱颖而出。"[1]

赵玉明从1959年开始执教广院，1979年成为广院的第一批硕士生导师，1999年成为广院的第一批博士生导师，2004年成为学校博士后科研流动站的合作导师，为广播电视和新闻领域培养了一批人才（见表1）。在中国的广播电视史领域，一批知名的学者诸如郭镇之、哈艳秋、袁军、艾红红等教授都是赵玉明指导过的研究生。

---

[1]　童兵.童兵自选集——新闻科学：观察与思考［M］.上海：复旦大学出版社，2004.

表 1　赵玉明指导的研究生情况

年级	姓名	论文选题
1979 级硕士生	郭镇之	论旧上海民营广播电台的历史命运
1984 级硕士生	哈艳秋	伪满广播简论
1985 级硕士生	孙　鸥	中国国际广播宣传改革探析
1987 级硕士生	李　琦	广播电视法刍议
	喻山澜	新时期中央电视台新闻改革探析
1988 级硕士生	袁　军	论十年来中国大陆的广播电视广告
1991 级硕士生	徐晖明	广播电视志刍议
1994 级硕士生	范晓晶	民国时期广播报刊研究
1995 级硕士生	梁　波	中国大陆唱片业研究
1998 级硕士生	赵琳琳	新时期中央电视台经济节目发展研究
1999 级博士生	艾红红	新时期电视新闻改革研究
2000 级博士生	姚喜双	中国解放区新闻播音语言规范研究
2001 级博士生	金梦玉	中国网络媒体发展研究
2002 级博士生	李　煜	国民党广播研究（1928—1949）
2003 级博士生	谢鼎新	中国当代新闻学研究的演变——学术环境与思路的考察
	刘英华	中国当代广告的社会文化史研究（1979—2009）——以广告的镜像功能为视角
	庞　亮	梅益广播电视宣传思想研究
	范晓晶	中国电视节目历程变迁研究
2004 级博士生	王文利	中国广播电视学术研究史稿（1920—2011）
	刘书峰	广播电视志理论与实践初探
	薛文婷	中国近代体育新闻传播历史研究（1840—1949）

年级	姓名	论文选题
2007 级博士生	贾临清	从学生报人到笔战领袖——周恩来新闻实践研究（1914—1949）
2004 级博士后	高金萍	西方电视理论评析
2005 级博士后	刘兴豪	清末报刊舆论与维新运动
2006 级博士后	蒋海升	语境变迁与范式转换：中国新闻史学史导论

一、赵玉明与郭镇之

郭镇之，清华大学新闻与传播学院教授，兼任中国新闻史学会常务理事。1978年初，郭镇之初入广院新闻系本科就读，在广播史课堂上，她给赵玉明留下了较深的印象。1979年，郭镇之考取赵玉明的首位研究生，也是国内第一位研究中国广播史的硕士研究生。其毕业论文《论旧上海民营广播电台的历史命运》，被认为填补了民国时期商业广播史研究的空白。郭镇之1982年毕业后留校任教，同赵玉明一样，讲授中国广播史。

1985年，在赵玉明的推荐之下，郭镇之考取方汉奇的博士生。郭镇之是中国最早的一批新闻学博士研究生，她的博士论文《中国电视史稿》也是第一部研究中国电视历史的著作。毕业后到中国社会科学院新闻研究所工作。1994年起，回到广院电视系任教。2004年，到清华大学新闻与传播学院任教。

郭镇之出生于1951年，与赵玉明年龄相差15岁。他们所处时代、所受教育不同，由此所致的人生际遇、思想认识、研究领域也有很大差异。

（一）学术方向的专一与曲折

在研究领域方面，研究方向的专一与曲折，是赵玉明与郭镇之两人之间的重要区别之一。赵玉明自始至终以广播电视史的研究为主要方向。相较而言，郭镇之的研究方向经历了从中国广播史到中国电视史、世界电视史的转移，并将电视的历史置于传播的视域下，研究电视传播史。

具体而言，郭镇之1979年就读广院，硕士生时期跟随赵玉明研究中国广播史；硕士毕业后留校任教，教授中国广播史；1985年考取人民大学博士之后，开始跟随方汉奇研究中国电视史；1995年到加拿大康科迪亚（Concordia）大学新闻系和传播研究系访学期间，主要研究加拿大的广播电视制度和政策史；1996年由国家教委派出，到美国得克萨斯大学奥斯汀分校新闻系和广播电视电影系访学，在"议程设置"研究的开拓者麦克斯韦尔·麦考姆斯博士（Dr.Maxwell McCombs）的指导下，研究传播理论发展史。

综观郭镇之的教研之路，电视史是她研究的主要方向，这方面其代表性著作是《中国电视史》，该书1991年由中国人民大学出版社出版，在1993年中国社会科学院新闻研究所建所15周年学术评选中，获学术专著一等奖。

在世界电视史的研究方面，郭镇之的《电视传播史》是一部非常有特色的关于世界电视传播史的专著，2000年由北京师范大学出版社出版。全书共计25章，阐述了世界主要发达国家和少数发展中国家电视事业的起步和发展过程，以及这些国家电视体制的成因和演变，并从传播史的视角，借助大量的历史资料，详细介绍了这些国家电视业的技术水平、体制构建、节目现状及未来发展趋势等。

2005年，郭镇之的《中外广播电视史》由复旦大学出版社出版。该书分为"外国广播电视事业"和"中国广播电视事业"两大部分。上篇从广播电视的科技进步、体制发展及未来趋势等方面做了宏观阐述，并以翔实的材料和凝练的笔法对外国广播电视事业做了深入的梳理贯通；下篇的中国广播电视事业，则"以时为经，以事为纬"，融史料和论述于一体，为中国本土的广播电视事业发展状况构筑了完备的框架。[①]

郭镇之与人合作的还有《旧中国的上海广播事业》《广播电视新闻概论》《中国应用电视学》《中国电视艺术发展史》《电视跨国传播与民族文化》《中国电视论纲》等著作。

郭镇之还将研究领域拓展到传播学，出版了《北美传播研究》，主要是其在加拿大和美国做访问学者时的研究成果。另有《传播论稿》一书，汇集了她关于传播研究的主要论文。同时出版了主译译著《传播理论：起源、方法与应用》。

总的来说，赵玉明他们那一代人最重要的特点就是服从，从大学所学专业，到毕业分配，到从事广播史的教学和研究工作，赵玉明都是服从分配，并以极大的热情将分配的工作尽力做好。郭镇之这一代显然有了更多的自主选择的权利。专业从广播史到电视史、传播史，工作单位从广院到中国社会科学院，再到广院，然后到清华大学，郭镇之更能听从内心的呼唤，最终在兴趣和专业方面找到了平衡，取得了丰硕的研究成果。

（二）学术思想的继承和发扬

只有独立思考，才有可能突破和创新。赵玉明更体会到独立思考的重要意义。同时，赵玉明遗憾于学生时期缺乏旧学训练，以至阅读中国古籍的能力比较弱，一般的国学常识也有欠缺。自己大学时候又赶上"学习苏联"热潮的尾巴，没有学过英文，所学俄语也不够深入。赵玉明认为，这显然是他史学造诣的两个方面的限制。因此，赵玉明在培养研究生时，一方面鼓励学生进一步掌握并提高文史和外语的知识技能，打好基础功底。另一方面是在广播电视史的一般基础上，鼓励学生就广播电视历史的相关章节，提出进一步思考的问题，师生共同探究，写出相应的研

---

① 赵玉明，庞亮.中国广播电视史学研究的历史与现状［J］.媒介研究，2007（2）.

究文章。[1]

为此，赵玉明在教学方法上采用课堂讨论的方式唤醒学生的求知热情，引导学生独立思考，提高他们发现、分析和解决问题的能力。学生对此也反应热烈，1997级学生游智宏就认为："通过老师布置的题目，可以促使学生课下翻阅大量课外资料，有助于开阔研究视野，掌握学科研究动向；另一方面，通过课堂讨论，可以激发学术灵感，促进交流。可以使我们养成良好的学习习惯，科学的学习方法和严谨的做学问的态度。"[2]综观郭镇之的学术道路，显然也深受其益。

也正是赵玉明为新闻系1977级本科生讲授广播史课时，郭镇之的一篇有关延安广播传统的作业引起了他的注意。硕士生阶段，郭镇之的独立思考、求真创新的能力得到了进一步锻炼和提高。比如，郭镇之曾经跟随赵玉明进行延安（陕北）台的实地调研活动[3]，最后的硕士论文却以《论旧上

---

[1] 据赵玉明提供的《指导广播电视史方向硕士研究生的回忆》文章，此文未公开发表。

[2] 据赵玉明提供的"新闻系1998年1月4日征集的97级新闻专业同学对赵玉明新闻史课程的教学意见"。

[3] 在论文的选题方面，赵玉明起初建议郭镇之的论文以延安广播的历程和光荣传统为题。为此，在1980年策划和组织延安广播历史调查活动时，赵玉明特意安排她参加，希望通过具体调查延安（陕北）台旧址并与"老广播"齐越、杨兆麟等一起活动，加深学习体会。事后，郭镇之也撰写了有关调查报告，并获得温济泽等"老广播"的首肯。如写此题，史料丰富、主题明确，可谓驾轻就熟。但郭镇之认为此选题已有多人研究，难以写出新意，便另辟蹊径，选择了赵玉明建议的另一个题目——以研究中华人民共和国成立前的上海民营广播电台为题撰写论文。这是一个新课题，就是当时的导师赵玉明也很少接触。为此而进行的调研工作，是赵玉明和郭镇之一起进行的。他们先是访问了比较了解情况的周新武，并根据周新武的建议到上海做实地调查，搜集史料。一个多月的时间，郭镇之在上海档案馆查阅了大量资料，还访问了当年民营台的有关人士，初步完成了史料调研工作。论文完成后，为了更好地利用这些史料，她决定将其编辑成书，广泛使用。后来，赵玉明和郭镇之再赴上海，郭镇之主要与上海档案局的刘光清负责搜集、整理、编辑有关档案史料，赵玉明则与上海广播局商谈获取出版支持，这即是1985年12月由档案出版社、中国广播电视出版社联合出版的作为"上海档案史料丛编"第一本的《旧中国的上海广播事业》的由来。

海民营广播电台的历史命运》为题，这与当时赵玉明对解放区广播的研究已渐深入，而当时对旧上海民营广播的研究较为薄弱不无关系。正是她的独立思考、坚持己见、勇于创新，才能在旧上海民营广播电台的研究方面取得了无可替代的研究成果，填补了这一领域的研究空白。

后来，郭镇之还利用自己的外语优势，将其硕士论文改写为英文版 *A Chronicle of Private Radio in Shanghai*，发表在美国广播电视教育学会会刊 *Journal of Broadcasting & Electronic Media* 上，为篇首封面文章。她还将自己博士学位论文的部分内容改写成英文版 *A Historical Survey of Chinese Television*，发表在《中加传播研究》杂志 1991 年第 1 期上。

对于电视史的研究方向，既是郭镇之的兴趣所在，又抓住了当时学界和业界对电视研究刚刚兴起的机遇，至此，郭镇之终将自己的兴趣与所奋斗的事业结合，迸发出新的研究热情，取得丰硕的研究成果。目前，郭镇之主要研究并讲授新闻传播史、外国广播电视和国际传播课程。曾由国家派出，在加拿大、美国、韩国和德国做访问学者。还曾到英国、意大利、瑞典参加国际会议，并在国内组织以国际传播与跨文化交流为内容的国际会议。

二、赵玉明与哈艳秋

哈艳秋，中国传媒大学新闻学院教授，博士生导师。1984 年至 1987 年，她师从赵玉明教授攻读广院广播电视史方向研究生，毕业后留校任教。主要从事中国广播电视史、中国新闻传播史方面的研究和教学工作，现任教育部马克思主义理论工程重点项目《中国新闻传播史》教材编写首席专家、中国广播电视协会广播电视史研究委员会理事、中国新闻史学会理事。

与赵玉明一样，哈艳秋一直在广院从事广播电视史学的教学研究工作至退休，从一名普通教师成长为广播电视史领域的专家、教授，以坚定的信念、饱满的热情、敏锐的思维和不懈的奋斗，洞察广播电视历史与规律，探求广播电视改革与发展，成绩斐然。

2004年，哈艳秋在中国广播电视协会第二届全国"十佳百优"评选中被评为"百优"广播电视理论工作者；2013年，哈艳秋在中国广播电视协会第五届全国"十佳百优"评选中被评为"十佳"广播电视理论工作者。

（一）研究成果的突破：对日伪广播的研究产生重要影响

30余年的学术道路中，哈艳秋对广播电视史学的研究既涉及对旧中国广播研究的探求、对日伪广播事业历史研究的开拓，也涉及对中国解放区广播历史的考察，以及对中华人民共和国成立60年广播电视历史和目前正在进行的广播电视改革的研究，还涉及对广播电视新闻传播、广播电视文化传播、广播电视教育和域外广播电视传播史的评述。凭着敏锐的洞察力和孜孜不倦的探求精神，以及对广播电视实际工作的了解、预见能力，她在这些方面的研究都取得了很大成绩。

哈艳秋同赵玉明学术道路的开端相同的是以单篇文论开启学术研究之路。同样因赵玉明的影响，哈艳秋也积极开展了对解放区广播和旧中国广播的研究，而其中最有学术价值和意义的突破性成果要属其对日伪广播的研究。

1. 以单篇论文开启学术研究之路

广播电视史作为一门历史科学，本就应该很好地加以研究总结，但遗憾的是，我们一度对这门学科的认识研究不够。主要原因是有些人认为广播电视无学问，广播电视史就更没有学问可言了。哈艳秋对广播电视史方面的研究，持续了30多年，做出了重要贡献。她对广播电视史学的研究成果，最早体现在其发表于《中国广播电视学刊》1987年第3期上的论文《广播史学研究刍议》，这篇论文曾获1988年首届中国广播电视学会优秀论文奖。在这篇论文中，她首先明确了广播电视史学的概念，并集中讨论了广播电视史学研究的对象、广播电视史学研究的学术价值和社会价值。她利用当时能够搜集到的新材料，列举了大量无可辩驳的例证，严谨、细致、全面地阐述了自己的观点，批判了一些人在这些问题上的错误观点以及牵强附会、不严谨、不科学的方法和学风，明确了广播电视史学在历史科学中的地位和作用、学术价值和社会价值，提高了广播电视史学的学术地位，也首次展示了当时的哈艳秋作为年轻学者的学术风范。

2. 积极推进解放区广播史和旧中国广播史的研究

哈艳秋同时也受到赵玉明关于解放区广播研究的影响。20世纪90年代，赵玉明主编《中国解放区广播史》，哈艳秋担任副主编，负责撰写全书的任务。1992年，这部书出版后，日本新闻史专家、上智大学新闻学专业教授春原昭彦曾经这样评价："战争时期有关广播方面的资料相当难找，这是件很难做、很不容易的事情。该研究对战争年代广播的介绍及人物志，我认为都是非常有参考价值的。像《中国解放区广播史》这样资料丰富的书很了不起，很有参考价值……"①

关于解放区广播史的研究成果，还有哈艳秋的论文《解放区广播宣传和事业发展简述》《抗日战争时期延安台的广播宣传》等，简要而系统地梳理了解放区广播宣传、延安新华广播电台宣传和事业建立、发展的过程，为国内外相关学科的研究提供了翔实可靠的参考。

哈艳秋关于旧中国广播的研究力作则是1993年发表在《北京广播学院学报》第3期的论文《简论旧中国对广播的研究》，该论文曾获得1996年广播电影电视部高校优秀论文二等奖（部级奖）和中国广播电视学会第四届优秀论文二等奖，体现了一种新的研究方法，即通过对旧中国不同历史

---

① 据采访哈艳秋时，其提供的相关资料。

阶段主要研究者及其重要贡献的综合，进而勾勒旧中国广播研究的全貌；从代表性学者的研究成果入手，揭示旧中国对广播研究的关注作用。她在该文中既肯定了旧中国广播研究的学术价值，同时也指出这一时期研究的局限性，是对旧中国广播研究的一次突破性飞跃。该文被全文转载在《媒介研究》2008年第3期，即《百家纵论广播电视学——广播电视学学科体系建设研究文献辑录》中，文中内容多次被相关研究者引用。

3. 对日伪广播的研究取得重大突破

哈艳秋1984年攻读硕士期间，导师赵玉明就根据她日语的优势，和她一起确定了研究的方向，从此开始了对日伪广播的关注和研究。哈艳秋关于日伪广播的硕士论文《伪满广播简论》，获得了新闻史学领域相关专家的较高评价。哈艳秋敏锐地判断出日伪广播史研究重要的理论价值和社会价值，同时，该研究能够从广播领域揭露日本侵华战争的罪行和发动侵略战争的铁的事实，又具有很大的历史意义和现实意义。

之后，她在《北京广播学院学报》1988年第4期上发表了论文《伪满广播性质探析》。1989年，她的论文《伪满14年广播历史概述》发表在中国社会科学院新闻与传播所《新闻研究资料》总第47辑上，并于1990年获中国广播电视学会第二届优秀论文奖。另一篇论文《伪满广播广告略说》发表在《新闻研究资料》1990年总第49辑。再加上她2003年发表的《二十年来关于日本侵华期间的日伪广播研究概述》，这些论文以充实的史料为依据，清晰地梳理了日伪广播事业的历史。

这一时期，哈艳秋表现出顽强的理论探索精神。她知难而进，利用日语的优势，通过各种方式和途径找到大量真实可靠的中外资料、档案史料、第一手资料，挖掘出许多日伪广播史料，其中有些是濒于湮没的。基于这些研究基础和取得的成果，哈艳秋于2005年中国人民抗日战争胜利60周年之际顺利申请到中国广播电视协会课题"日本侵华时期的日伪广播研究"，对1931年"九一八"事变至1945年8月日本投降前这14年间，日本在沦陷区建立的日伪广播电台的情况、宣传内容、宣传手段和节目播出控制等进行了认真的研究分析，并得出深刻的认识和结论。

哈艳秋对日伪广播的研究最重大的突破是理论创新和内容创新。研究成果包括挖掘出很多过去鲜为人知的材料，提出一些具有真知灼见的认识和理论，令人耳目一新。同时，哈艳秋对日伪广播的研究既注意史实的描述，又重视理性的分析思考。研究重视日伪广播事业发展脉络，重视对宣传内容、宣传手段的分析介绍，重视理性的总结评价。这些理论分析和结论是新鲜的，增加了人们对日伪广播危害性的认识。

哈艳秋对日伪广播事业的研究填补了这一领域研究的薄弱和不足，受到中外新闻史学界的瞩目，从而奠定了她在广播电视史研究中的地位。直到现在，新闻史、广播电视史研究领域对日伪广播的研究都是以哈艳秋的研究、观点和论述为基础和依据的。哈艳秋对日伪广播的研究，使她的研究成果至今仍在国内处于领先地位。

（二）研究领域的拓展：广播电视理论研究是哈艳秋擅长的另一领域

与赵玉明将重点放在广播电视历史领域不同的是，广播电视理论领域是哈艳秋努力的另一个方向，其中最重要的是其对邓小平新闻思想的研究，但这之中的研究方法又和赵玉明如出一辙。从研究中国广播电视史，到探讨邓小平新闻思想，从分析历史现象，到论述现实问题，哈艳秋都是以事实和史料为基础，从中得出科学合理的理论和结论。

1. 与时俱进，关注前沿——哈艳秋对中华人民共和国广播电视理论的研究不停步

2000年世纪之交，哈艳秋回眸历史，立足现实，展望未来，撰写了

论文《略论60年代广播界〈宣传业务整改草案（提纲）〉的主要论点及意义》。①她认真研究了《宣传业务整改草案（提纲）》3.5万字的全文，系统梳理了其中10个方面的主要内容和论点。哈艳秋认为，对于广播历史上那些有价值的、曾经对我们的工作给予很大影响的经验，应该及时总结、多总结，其中的主要精神对目前我们广播电视改革中反复强调的问题仍有一定的参考和借鉴作用。

2009年，中华人民共和国迎来60华诞。60年来，中国广播在坎坷中前行，在求索中进步，取得了辉煌的成绩。哈艳秋撰写了《中国广播60年：自己走路，从目标到现实》《新中国60年广播电视教育的发展历史及特点》等论文纪念这一历史时刻，总结历史，继往开来。②《中国广播60年：自己走路，从目标到现实》分析了广播"自己走路"的内涵和意义，回顾了广播"自己走路"60年来的理论认识和发展，总结了广播"自己走路"60年来的实践与创新。该论文是一篇难得的总结我国广播"自己走路"战略的研究成果③，在2010年中国广播电视协会和中央人民广播电台联合举办的"我与人民广播"征文评比中荣获二等奖，在2012年中国广播电视协会第十二届优秀论文评选中荣获二等奖。

由于长期重视学习积累、关注现实，哈艳秋对于广播电视界出现的新情况、新事物保持着高度的理论敏感。每逢重大的历史转折时期或重大新闻事件、现象出现之际，哈艳秋总能够正确预见该发展趋势并迅速判断

---

① 1964年，中央广播事业局制定了《宣传业务整改草案（提纲）》，全面贯彻党的八届九中全会提出的"调整、巩固、充实、提高"八字方针，努力提高广播电视的宣传质量，对当时的广播电视宣传业务具有重要的指导意义，在广播系统影响很大。

② 中华人民共和国广播于1950年第一次明确提出了"要学会自己走路"的目标和理想，将广播视为有着不同于报纸的独特优势的媒体，力求探寻出广播发展的创新之路。此后几经风雨曲折，几代广播人不懈探索实践，终于渐入臻境。

③ 据哈艳秋提供的该文在征文比赛中的获奖理由。

该研究的学术价值和社会价值。比如在申请教育部"211工程"三期项目"电视应对重大突发事件传播研究"，以及中国广播电视协会课题"我国广播电视制播分离研究"①、"我国广播电视三网融合发展策略研究"、"我国广播电视节目低俗化的现状及其策略"之前，她也对此类课题相关领域关注已久，并有了相当的积累。

进入21世纪，哈艳秋主持的教育部重点课题"当代中国广播电视史"，将研究重点放在对中国广播电视发展历史的梳理和各个时期重大事件的经验归纳总结上，其中最新研究将时间推进到2009年。这在同类研究中至今还没有其他人做到。目前这个课题已经完成，即将出版。

中国传媒大学（原广院）新闻传播学院（后改为电视与新闻学院，现为新闻传播学部）自2004年出版《新闻传播学前沿》文集以来，哈艳秋一直担任该书主编。该书关注广播电视新闻学理论、历史和实践研究的前沿和热点问题，已经形成了一个品牌，具有较高的权威性和影响力。

2. 广播电视理论领域关于邓小平新闻思想研究的最突出贡献

从20世纪90年代开始，哈艳秋对新闻理论、新闻思想的研究持续了20多年，发表论文几十篇，包括对邓小平新闻思想研究的系列论文《解放思想　实事求是与新闻改革20年》《邓小平新闻思想研究评述》《试论邓小平新闻思想的创新精神和时代精神》，反映马列经典作家的新闻思想和办报思想的《简论马克思恩格斯早期新闻思想中的批判精神》《周恩来同志

---

① 随着中国广播电视业的迅猛发展，广播电视制播分离的理念也随着丰富的实践和不断的探索，越来越成为业界普遍的共识。哈艳秋撰写论文《我国广播电视制播分离研究》，从我国广播电视制播分离发展的概况、存在的问题以及对策三个方面来论述我国广播电视制播分离改革的发展。哈艳秋认为，我国广播电视制播分离是广播电视创新发展的必然选择，但在改革中也存在许多问题，需要我们在人事、节目知识版权、节目质量评估机制、制播模式、人才培养等方面进行相应的改革创新。这些在当时颇为新鲜的论断与之后我国广播电视制播分离引起的各界热议不谋而合。

与〈旅欧通讯〉》等，还包括新闻传播教育史研究的《中外广播电视与教育发展研究》《拆解教育的围墙——对我国新闻教育网络发展态势的思考》《试论新闻史教学中对大学生优秀品格素质的培养》等。历时20年，哈艳秋完成了一些新闻理论、广播电视理论方面的重要研究。

哈艳秋对邓小平新闻思想的研究从20世纪90年代初就开始了。随着《邓小平文选》第三卷的出版发行，有越来越多的专家学者开始研究邓小平新闻思想，特别是在党的十五大正式把邓小平理论写入党章，确立为党的指导思想之后，全国的新闻界、思想界掀起了学习邓小平新闻思想的高潮。但当时的研究存在的问题也是显而易见的，一方面，当时大部分的研究不够深入，甚至存在某些缺失；另一方面，全面、系统地阐述邓小平新闻思想的著作非常少。在这种历史和时代背景下，哈艳秋与时俱进，对邓小平新闻思想进行了持续、深入、系统的研究。1999年发表《解放思想实事求是与新闻改革二十年》，2000年主持国家社会科学项目"邓小平新闻思想研究"，2004年发表论文《试论邓小平新闻思想的创新精神和时代精神》《邓小平新闻思想研究评述》。

哈艳秋的研究成果采用可信、可用的材料，以及富有启迪思考的陈述和论断。研究在翻阅大量历史史实资料的基础上，还原了邓小平新闻思想产生、发展、成熟的轨迹，系统总结、归纳了邓小平新闻思想的主要内容，深刻分析了邓小平新闻思想的基本特点。在吸收前人研究成果的基础上，在理论上提出，邓小平新闻思想是建设社会主义新闻学理论体系的重要理论基础；邓小平新闻思想对新闻改革和新闻实践具有重要的指导意义。研究特别指出，邓小平新闻思想承上启下的作用不容忽视；邓小平新闻思想中的创新意识特别值得学习和研究。研究同时认为，学习和研究邓小平新闻思想是高校开展人文社会科学教育的一部分。

2004年邓小平诞辰100周年之际，中央电视台总编室研究处、四川省电视艺术家协会和广安广播电视局联合举行"邓小平理论与中国新时期电视"研讨会，哈艳秋应邀到会做了题为《邓小平新闻思想研究评述》的专题发言，介绍了邓小平新闻思想的产生和发展，分析了邓小平新闻思想的主要论点和特色，同时介绍了新闻界对邓小平新闻思想的研究情况，以及研究邓小平新闻思想的意义和方法等。与会专家学者认为，哈艳秋的专题发言，注意结合新闻界的实际，主题集中、内容丰富、信息量大，集中体现了她在邓小平新闻思想方面丰富的研究成果，反映了她对邓小平新闻思想深入的研究和思考，以及独到的认识。她的研究丰富了邓小平新闻思想研究的理论宝库，使邓小平新闻思想研究跨上了新的台阶，也是有史以来广播电视史学领域对邓小平新闻思想研究最突出的贡献。[1]

深受赵玉明的启发与影响，哈艳秋在30余年的广播电视史学道路中，不仅是广播电视史学领域不倦的耕耘者，而且也是中国广播电视史学领域出色的组织者。她不但先后组织编写了多部新闻史教材与著作，而且长期担任中国广播电视协会广播电视史研究委员会理事，内外沟通、上下协调，为广播电视史研究者提供交流与协作的平台。

在哈艳秋主持编写的著作中，她注意发挥参与者的优势所长，显示了出色的组织才能。在《当代中国广播电视史》中，她坚持使用现代的新研究方法，做到理论与历史的结合、理论与实际的结合。深厚的广播电视理论与历史研究背景对照广播电视改革发展的现实，借助其他学科的研究成果和研究方法，她的研究取得了一系列新的成果，具有夯实中国广播电视史学科基础的社会价值和学术价值。

同期，她还参加了《中华人民共和国广播电视简史》的编写工作，该简史是当代中国研究所牵头的"国史"研究、编撰工程的组成部分。据哈艳秋提供的《中华人民共和国广播电视简史》编辑部评价认为，"哈艳秋

---

[1]　据采访哈艳秋时，其提供的相关材料。

对广播电视的发展历史有深厚的研究功底和理论造诣，选用的史料丰富而翔实；在叙述史实的过程中，进行恰如其分的议论概括，具有较高的质量和存史价值"。

"中国电视史"是国家"十五"社会科学基金重点项目，也是中国广播电视学会当年主抓的重点课题，时任学会常务副会长的刘习良担任主编。哈艳秋应邀参加了该课题组，承担第一编和第二编（共八章）的组稿和编写任务。在组稿和编写过程中显示了她的组织能力和学术修养。

总的来说，作为中国广播电视史、新闻史学领域辛勤的耕耘者、出色的组织者和重要的人才培养者，哈艳秋的学术道路深受赵玉明的影响。他们同在广院起步，都以教学工作拓展研究领域，潜心专业研究。

哈艳秋初入广播史教研领域的几年里，做赵玉明的助教、听课、阅读学生作业、看相关资料，参编《中国报刊广播文集》六册。赵玉明也曾将讲课大纲和保存的简报给哈艳秋参考，言传身教，帮助她做好广播史的教研工作。哈艳秋的很多研究成果，包括想法、观点，也是在与赵玉明的工作交谈时受到启发影响而完成的，最典型的有：1987年在《中国广播电视学刊》上发表的《广播史学研究刍议》和她的硕士论文《伪满广播简论》。哈艳秋还有几篇得到赵玉明肯定的论文，包括1986年在《北京广播学院学报》发表的《周恩来同志与〈旅欧通讯〉》，1994年在《北京广播学院学报》发表的《简论旧中国对广播的研究》（赵玉明在后来组织的相关项目的论文集中收入此文）。

相较而言，赵玉明的研究与教学的重心是广播电视史学，后来因为担任行政职务，延伸到对广播电视和新闻学科建设方面的研究。哈艳秋踏踏实实教书做学问，她的研究与教学以中国广播电视史和中国新闻传播史为中心，兼及新闻理论、新闻教育、广告学、外国广播电视等多个方面。

已故新闻史学领域著名教授丁淦林曾这样评价："哈艳秋是一位恪守

职责的教师。她在中国传媒大学任教30多年，无论是讲课、辅导，还是指导博士研究生、硕士研究生，或者制作教学课件，都十分认真，而且做什么就研究什么，必有新成果问世。这也体现了新闻史学科的一项好传统——把研究同教学或其他工作紧密结合起来，相互促进。从戈公振到方汉奇，都是这样做的，他们为后来者树立了好榜样。哈艳秋同志的实践说明，这是一条切合实际的、有效的通途。"① 而这条道路，正是得益于赵玉明对其广播电视史学教学科研之路的启迪。

---

① 据采访哈艳秋时，其提供的相关材料。

结　语

赵玉明的广播电视史学思想是一贯的、持之以恒的、科学发展的。自20世纪80年代以来，随着改革开放的发展，各领域也出现跟风现象。学术上跟风、一窝蜂的浮躁倾向严重，什么热门研究什么，面对传播学热、网络传播热、电视热、主持人热、交通广播热等现象，赵玉明始终不忘初心，坚持研究广播电视的历史和发展，尤其是对广播史的研究，心无旁骛，专心致志。

近60年来，能够不忘初心、一以贯之地坚持最初的选择，坚持广播电视历史的教学与研究，推动广播电视学科的建设与发展；并且在60年间，没有迷茫，没有转弯，没有停歇，除了赵玉明，很难找出第二个人。

即使赵玉明已经成为广播电视研究领域的开创者和学术权威，即使他已经退休在家，可以含饴弄孙、共享天伦，赵玉明依然没有停下他在广播电视历史领域探索和求真的步伐。新年伊始，赵玉明在2018年第1期《现代传播（中国传媒大学学报）》上，与他人一同发表《新中国第一代新闻教育家及其办学思想探析》一文，在中国新闻教育创始100年之际，对中华人民共和国第一代新闻教育家的艰苦实践进行了梳理，探析他们追求真理、百折不挠探索中国新闻教育道路的思想和理念，借以在新时代指引我国新闻教育继续前进。[①]而中华

---

① 赵玉明，冯帆.新中国第一代新闻教育家及其办学思想探析［J］.现代传播（中国传媒大学学报），2018，40（1）：158-163.

人民共和国第一代新闻教育家的思想和实践，也正是赵玉明广播电视史学思想与实践的写照。

一、赵玉明广播电视史学思想与实践的特点和启示

（一）求真与史料至上——研究历史要以史料为基础

古有"考而后信"之论。这一历史方法论要求史学工作者重视史料的搜集、整理与考订，以"求真"和"信史"作为其职责与崇高追求。赵玉明毕生治学，正是循此而行，以实事求是为目标，以调查研究为手段，不断推进中国广播电视史学研究的发展。

史学大师傅斯年有"史学即史料学"的观点，强调史学是对史料进行研究的学问。史学家严耕望认为："研究历史，无论采取什么方法，都要以史料为基础，不能充分掌握史料，再好的方法，都不能取得真实的成果。"[①]赵玉明多次强调广播史的研究一定要掌握丰富的第一手材料，"巧妇难为无米之炊"，没有大量的资料积累不可能做好研究工作。比如，赵玉明进行解放区广播研究的第一步就是从搜集史料开始的，包括搜集"死史料"、抢救"活史料"和实地考察三个部分。正是秉着这一实事求是的"求真"原则，赵玉明也勇于修正自己因史料占有不足而造成的错误。比如，及时修正了早期关于中国人办的第一座广播电台的误判。

治史有考史、论史与撰史的不同，而相辅为用。考史要把历史事实的现象找出来，论史要把事实现象加以评论解释，然后才能做综合的撰述工作。[②]论史往往就史实做解释，属于论史性质，在时间上具有暂时性；但基本史实则只要真正探得真相，就永远有其价值。因此，赵玉明广播电视

---

① 严耕望.佛藏中之世俗史料三札［M］//严耕望.严耕望史学论文集.上海：上海古籍出版社，2009：549.
② 严耕望.治史经验谈［M］.台北：台湾商务印书馆，1981：1-11.

史学以发掘史实真相为主，而以解释、论史为辅。如赵玉明对解放区广播的研究，主要考证解放区广播的史实真相，其《中国现代广播简史》也主要在于记述1923—1949年中国广播事业发展的历史，《中国广播电视通史》的主旨也是在于考论史实，而非论释。

（二）务实与具体问题偏好——多做个案，多打深井

作为中华人民共和国培养的最早的一批新闻专业人才，赵玉明并没有选择新闻传播理论和业务或宏大或热门的研究方向，而是始终在中国广播电视研究领域兢兢业业，最终成为专家权威。他如此选择，确实与他对自身朴实秉性的认识有关。

赵玉明曾对笔者这样解释：他性格温和，做事务实、谨慎。在初到广院新闻系时，他选择了可以踏踏实实做学问的新闻史（主要是广播史）方向。

赵玉明对解放区广播的研究，出发点也很务实。一是赵玉明开始教研的时期，国内政治运动频繁，当时的环境下，选择对人民广播的研究无疑在方向上是政治正确的；二是当时广院的新闻广播史课程名称就叫"人民广播史"，教学的实际需要，一直是推动赵玉明进行广播电视史学研究的永恒动力；三是赵玉明所在的新闻史教研室的"老广播"均来自解放区，遇到困难和疑惑时，也可以有人请教。事实上，也正是在这些"老广播"的关心和帮助下，赵玉明才逐步树立了研究解放区广播史的信心和决心。

也因为务实，赵玉明在广播电视史学研究中从小做起，积少成多，最后成为集大成者。据笔者不完全统计，收入《赵玉明文集》的论文中，90%以上的论文都是关于广播电视历史方面的研究，其中近一半是关于解放区广播史的研究，由此可以看出他对广播电视历史，尤其是解放区广播史等具体问题的偏好。

　　赵玉明的这种偏好还表现在他的具体选题与实际工作方式上。赵玉明习惯从大处着眼，从小处着手，以小见大。比如他的《毛主席的〈目前形势和我们的任务〉是怎样播送的？》一文，从具体历史事件入手，开启他对解放区广播全面、深入的研究；从《外国人最早在我国办的广播电台》入手，开始了对中国现代广播的研究；最后又是在吸纳《中国现代广播简史》成果的基础上，成就了《中国广播电视通史》。

　　在赵玉明看来，研究只有做与不做，没有小与不小，只要你肯下功夫，无论多小的选题都会有极丰富的材料。也因此，赵玉明总能从一些散见的资料中梳理出他人注意不到的问题，比如，《周恩来同志与广播电视》等国家领导人与广播电视的系列研究，就是从浩瀚的党史和其他资料中挖掘出来的。赵玉明这种从个案和具体问题入手，注重材料积累，以小见大的历史研究路数不仅是其自身朴实秉性的必然选择，也与他务实的风格相关。

　　清代学者章学诚说："大抵文章学问，善取不如善弃，天地之大，人之所知所能，必不如其所不知不能，故有志于不朽之业，宜度己之所长而用之，尤莫要于能审己之所短而谢之，是以舆薪有所不顾，而秋毫有所必争，诚贵乎其专也。"①赵玉明正是能正视自己，扬长避短，学有专守，坚持用史料说话，沉潜考索，不断精进，"坐得十年冷板凳"，最终大成。

　　复旦大学丁淦林教授曾在中国新闻史学会2009年年会暨新闻传播专题史研究学术研讨会的主题发言中，代表因身体原因未能与会的宁树藩教授问候大家，并特别谈到，"赵玉明会长做了很多事情，劳苦功高，特别是赵会长在广播电视史研究方面在全国有很大的影响，我要向他学习"②。

---

①　章清诚.与周次列举人论刻先集［M］//章清诚，仓修良.文史通义新编新注.杭州：浙江古籍出版社，2005：750.

②　方晓红.新闻春秋（第十二辑）：中国新闻史学会2009年年会暨新闻传播专题史研究学术研讨会论文集［M］.南京：南京师范大学出版社，2010：9.

（三）创新与研究导向——史学研究的过程是不断创新的过程

赵玉明认为，中国广播电视史学的研究如同其他任何事物一样需要创新。他所说的创新是指史学研究要在广度和深度上下功夫，要开拓、要创新、要深入。赵玉明对中国广播电视历史的研究，因为具有天时、地利、人和的优势，取得了很多突破性的成果，当然，这些都是创新之举。对于后来的研究者，如何在赵玉明广播电视史学研究的基础上有所突破，赵玉明也给出了清晰的方向。

学林探路贵涉远，无人迹处有奇观。赵玉明认为，这里的"远"不是说远离现实、远离社会，而是指要开拓、要创新、要深入，不要炒冷饭。"比如说《红楼梦》，不是说不能研究，而是研究的书已经很多了，你要再研究又怎样呢？广播电视相对来说研究的人比较少，我们去研究就比较容易出成果。远的另外一个意思是在它的广度和深度，以及创新上。倒不是说专门去钻牛角尖，像有的人专门考证历史上这个人的胡子、那个人的脸。广播电视相对来说是一门薄弱的学科，我们就要去加强研究。广播电视领域还有薄弱的东西，比如在广播电视史研究中，人物的研究就很薄弱，今后这方面要加强。"①

赵玉明硕士生郭镇之的论文以旧上海民营广播电台的历史命运为选题，与当时对旧上海民营广播的研究较为薄弱不无关系。而哈艳秋关于日伪广播的论文，利用了她的日语专长，填补了当时我国日伪广播研究的空白，皆为创新之举。在指导博士生论文时，赵玉明明确强调要开拓创新。他认为艾红红博士的《关于新时期电视新闻改革研究》就比较深入。金梦玉博士则主要对网络传播史进行研究，具有创新意识。因为论文写作时网络史只有10年时间，赵玉明认为10年也能够作为历史研究，昨天的事也

---

① 赵玉明.中国广播电视史研究纵横谈［M］//赵玉明.赵玉明选集（第二卷）.北京：中国广播影视出版社，2014：428.

是历史，一定要抓紧，不然20年后再去研究就晚了。姚喜双博士关于新闻播音语言规范方面的研究在当时也是新鲜课题。

赵玉明的创新思想贯穿其史学研究的全过程，不仅包括具体的研究选题和方向上的创新，还包括宏观上纵横结合的历史分期、史论结合的论述方式等，都在不断完善和成熟。当然，在更微观的细节层面，赵玉明也在创新。比如，他曾提出利用科技进步，新编地方志、年鉴等尽可能地采用现代化信息工具，搜集、加工、传播、存储信息。

赵玉明认为，广播电视史学研究的过程，实质上也是不断创新的过程。"从无到有是创新；从有到好也是创新，而且是高层次上的创新。如果说20世纪是广播电视史学研究的开创和建立阶段，那么21世纪就应是广播电视史学研究的创新和发展阶段。"①

二、赵玉明广播电视史学思想与实践的历史局限

当然，每个时代有每个时代的局限性，作为"十七年一代"的赵玉明，他的广播电视史学思想也不可避免地具有一定的局限，这既有赵玉明自身的因素，也有时代的因素，从一个侧面反映了当前整个广播电视学科研究的局限。

（一）研究的学理性不够突出

赵玉明从事广播史的研究之初，中华人民共和国关于广播史的研究刚刚起步，一无资料积累，二无经验可资借鉴。赵玉明首先和必须要做的就是搜集史料、整理史料、考证史料和编选史料，为此，他花费了大量的时间和精力，这也造成了他在有限时间内的研究实践中，大多还是对广播电视史料的一般定性归纳与总结，研究中的理论指导稍显不足。

---

① 赵玉明.中国广播电视史研究纵横谈［M］//赵玉明.赵玉明选集（第二卷）.北京：中国广播影视出版社，2014：428.

（二）研究水平与成果不够均衡

赵玉明的广播电视史学研究主要集中于广播电视新闻的研究，适应了高校新闻系的教学和研究方向，而对广播电视技术涉及较少，对广播电视文艺的研究比较单薄，对广播电视文化的研究也不够。从具体研究来说，对解放区广播历史的研究深入而系统，成果丰硕，相对地，对于旧中国广播历史的研究和当代广播电视史的研究较薄弱，广播电视人物史也有很多值得发掘的地方。

对于解放区广播历史的研究是赵玉明广播电视史学研究的起点，这与当时的时代背景紧密相关，是在天时、地利、人和的环境下逐步开展起来的。教学需要是其加强这方面研究的直接推动力，筹备延安展览的相关活动推动赵玉明对此的研究不断深入。而对于旧中国广播的研究，因为时代久远，资料难以搜集；对于当代广播电视来说，原始资料浩瀚，对于这些资料的梳理和研究需要极大的时间和精力，赵玉明以个人有限的精力难以顾全，这些领域的研究也自然就薄弱了一些。

《简史》与《通史》的出版，标志着这一时期广播电视历史面上研究的基本完成，这也是赵玉明在多个场合呼吁现代学者多做个案、多打深井的重要原因。

（三）国内外广播电视史学比较研究稍显不足

赵玉明虽然能够在一定程度上从传播学、政治学、经济学、文学等多学科、多角度对广播电视史学进行研究，但也非常明显地缺乏同国外广播电视史学的比较研究。据赵玉明回忆，这主要是因为其中学时期英语基础比较薄弱；大学时期俄语的学习也相对比较浅显；工作之后埋头于中国广播电视历史的研究，没有进一步加强对英语的学习和训练。因此，对于国外的广播电视史学的相关英文资料，赵玉明缺乏有效地研究和利用，也缺乏对中外广播电视历史的比较研究。而广播电视新的实践和理论的发展，都要求我们从更广阔的社会科学、人文学科背景出发，拓宽广播电视史的研究范畴，增加研究的厚度，拓展研究的广度。

概言之，社会时代背景、才华的自我开发（个人的努力），以及和谐的环境（亲人与师友的支持）是一个人成就一番事业不可或缺的条件。赵玉明广播电视史学研究"博观而约取，厚积而薄发"。他的广播电视史学思想不高深、不玄奥，甚至不完美，然而，综观广播电视史学形成的过程，赵玉明不仅是至关重要的奠基人，更是一座雄视群峦的高峰。赵玉明广播电视史学思想的年代感，赵玉明的在当下时代很难再涵养出的情怀和坚守，令人敬重。我们研究赵玉明的广播电视史学思想，就是要在赵玉明丰富而充实的史学思想中获取前行的指引和激励，在新时代广播电视教育的新征途上不忘初心，继续前行。

参考文献

一、著作

［1］赵玉明.赵玉明文集［M］.北京：中国广播影视出版社，2014.

［2］赵玉明.中国现代广播简史［M］.北京：中国广播电视出版社，1987.

［3］赵玉明.中国广播电视通史［M］.北京：北京广播学院出版社，2004.

［4］赵玉明.中国广播电视图史［M］.广州：南方日报出版社，2008.

［5］赵玉明，艾红红.中国广播电视史教程［M］.北京：中国广播影视出版社，2009.

［6］赵玉明.广播电视简明辞典［M］.北京：中国广播电视出版社，1989.

［7］赵玉明，王福顺.中外广播电视百科全书［M］.北京：中国广播电视出版社，1995.

［8］赵玉明，王福顺.广播电视辞典［M］.北京：北京广播学院出版社，1999.

［9］中国广播电视人物词典编辑委员会.中国广播电视人物词典［M］.北京：北京广播学院出版社，2000.

［10］新愚.声屏史志文集［M］.北京：中国广播电视出版社，1992.

［11］赵玉明.中国广播电视史文集［M］.北京：中国广播电视出版社，1993.

［12］赵玉明.中国广播电视史文集（续集）［M］.北京：中国广播电视出版社，2000.

［13］赵玉明.声屏史苑探索录［M］.北京：北京广播学院出版社，2004.

［14］赵玉明.声屏史苑探索录（二）——回忆与访谈［M］.北京：中国传媒大学出版社，2007.

［15］赵玉明.中国解放区广播史［M］.北京：中国广播电视出版社，1992.

［16］杨兆麟，赵玉明.人民大众的号角——延安（陕北）广播史话［M］.北京：中国广播电视出版社，1985.

［17］北京广播学院新闻系.中国人民广播回忆录［M］.北京：广播出版社，1983.

［18］北京广播学院新闻系.中国人民广播回忆录（续集）［M］.北京：中国广播电视出版社，1986.

［19］北京广播学院新闻系.中国人民广播回忆录（第三集）［M］.北京：中国广播电视出版社，1990.

［20］北京广播学院新闻系.中国人民广播回忆录（第四集）［M］.北京：中国广播电视出版社，1995.

［21］陈尔泰.中国广播史学批评建构——以《中国广播电视通史》上卷为个例展开［M］.北京：中国广播电视出版社，2009.

［22］陈尔泰.延安台开端史实［M］.北京：中国广播电视出版社，2013.

［23］陈尔泰.中国广播诞生九十周年［M］.北京：中国广播影视出版社，2015.

［24］陈尔泰.中国广播发轫史稿［M］.北京：中国广播电视出版社，2008.

［25］申启武，安治民.中国广播研究90年［M］.广州：暨南大学出版社，2010.

［26］艾红红.中国广播电视史初论［M］.济南：山东大学出版社，2002.

［27］王文利.中国广播电视学术研究史稿（1920—2011）［M］.北京：新华出版社，2013.

［28］李学勤.中国学术史（宋元卷）［M］.南昌：江西教育出版社，2001.

［29］赵梅春.二十世纪中国通史编纂研究［M］.北京：中国社会科学出版社，2007.

［30］刘泱育.治学与治己：方汉奇学术之路研究［M］.北京：中国书籍出版社，2013.

［31］庞亮.声屏世界里的思想者——梅益广播电视宣传思想研究［M］.北京：中国传媒大学出版社，2008.

［32］陈平原.学者的人间情怀［M］.广州：珠海出版社，1995.

［33］李建新.中国新闻教育史论［M］.北京：新华出版社，2003.

［34］徐培汀.20世纪中国新闻学与传播学·新闻史学史卷［M］.上海：复旦大学出版社，2013.

［35］谢鼎新.中国当代新闻学研究的演变——学术环境与思考的考察［M］.北京：中国传媒大学出版社，2013.

［36］赵水福.世纪心语——中国老广播电视工作者感悟录［M］.北

京：中国国际广播出版社，2003.

二、期刊论文

［1］赵玉明.广播学院和广播电视史学建设［J］.现代传播（北京广播学院学报），1999（5）：15-18.

［2］赵玉明.再谈中国现代广播史研究中的若干问题（上）——与陈尔泰同志商榷［J］.现代传播（中国传媒大学学报），2010（2）：131-137.

［3］赵玉明.再谈中国现代广播史研究中的若干问题（下）——与陈尔泰同志商榷［J］.现代传播（中国传媒大学学报），2010（3）：134-140.

［4］赵玉明，庞亮.中国广播电视史学研究的历史与现状［J］.媒介研究，2007（2）.

［5］赵玉明，庞亮.三十年间两大跨越——改革开放以来从传统新闻教育到新闻传播学教育的发展［J］.国际新闻界，2007（9）：79-85.

［6］赵玉明，庞亮.江西苏区口语广播探究［J］.现代传播（中国传媒大学学报），2013，35（1）：23-28.

［7］陆原.厚积薄发　存真求实——评赵玉明《中国现代广播简史》［J］.中国广播电视学刊，1990（4）：61-63.

［8］庞亮.中国广播电视史学研究的又一力作——评《中国广播电视通史》［J］.中国广播电视学刊，2004（5）：79-80.

［9］范晓晶.十年磨一剑　原创显特色——访《中国广播电视通史》主编赵玉明教授［J］.现代传播（中国传媒大学学报），2004（6）：42-44.

［10］刘书峰.新闻史学研究:突破口在哪里——访中国新闻史学会会长赵玉明教授［J］.新闻与写作，2005（10）：10-11.

［11］谢鼎新.精密的功力与高远的想象力——评赵玉明主编的《中国广播电视通史》［J］.新闻战线，2006（4）：44-45.

［12］蒋海升.中国新闻史研究的学科特点及其发展状态——访中国新闻史学会会长赵玉明先生［J］.国际新闻界，2007（6）：67-70+1.

［13］陈栋，王丽明.惟真是命　惟真至尊——著名新闻史学专家、华中科技大学新闻与信息传播学院教授吴廷俊专访录［J］.今传媒，2007（12）：4-5.

［14］王启祥.构筑中国广播电视史的"形象"空间——简评《中国广播电视图史》［J］.中国广播电视学刊，2009（2）：93-94.

［15］申启武，安治民.九十年来我国广播研究发展特征分析［J］.暨南学报（哲学社会科学版），2010（2）：135-140+164.

［16］高铁军.近几年我国广播史研究概况浅析［J］.中国广播，2012（6）：36-40.

［17］丁淦林.20世纪中国新闻史研究［J］.复旦学报（社会科学版），2000（6）：133-140.

［18］岳庆平.关于治史的六点体会［J］.湖湘论坛，2012（3）：91-103.

［19］瞿林东.重考证之功　贵自得之学——为祝贺赵光贤教授90华诞而撰［J］.北京师范大学学报（人文社会科学版），2000（2）：5-13.

［20］谢鼎新.试析广播电视学科体系的架构［J］.现代传播（中国传媒大学学报），2008（2）：47-48.

［21］哈艳秋.第一次中国广播电视史志研讨会综述［J］.北京广播学院学报，1987（3）：11-12.

［22］哈艳秋.简论旧中国对广播的研究［J］.北京广播学院学报，1993（3）：143-150.

［23］闫玉.广播电视史研究中的几个问题［J］.北京广播学院学报，1994（2）：66-69.

［24］艾红红.中国广播电视通史近日出版［J］.电视研究，2003（12）：

71.

[25] 艾红红.中国广播电视理论研究钩沉[J].媒介研究，2007（2）.

[26] 刘泱育.论方汉奇的学术研究起点[J].东南传播，2009（10）：78-80.

[27] 刘泱育.方汉奇先生治学思想述要[J].新闻爱好者，2011（12）：4-5.

[28] 徐培汀.温济泽、康荫、赵玉明与广播电视史学研究[J].媒介研究，2008（1）.

[29] 樊亚平.从历史贡献研究到职业认同研究——新闻史人物研究的一种新视角[J].国际新闻界，2008（8）：101-104.

[30] 陈翔.回顾与批判：检阅媒介功能理论[J].西南民族大学学报（人文社科版），2004（11）：368-372.

[31] 刘宗义.中国新闻传播史研究态势：一个文献综述[J].重庆社会科学，2013（9）：54-60.

[32] 黄瑚.丁淦林教授与新闻教育[J].新闻记者，2011（11）：75-76.

[33] 史媛媛.从戈公振到方汉奇——在中国新闻史研究的两座高峰之间[J].新闻爱好者，2001（5）：7-9.

三、学位论文

[1] 庞亮.梅益广播电视宣传思想研究[D].北京：中国传媒大学，2006.

[2] 刘泱育.方汉奇60年新闻史学道路研究[D].南京：南京师范大学，2010.

[3] 李晓光.赵玉明55年广播电视史学道路研究[D].北京：中国传媒大学，2014.

［4］徐国利.钱穆史学思想研究［D］.北京：中国社会科学院研究生院，2000.

［5］邢战国.周谷城史学思想研究［D］.上海：复旦大学，2006.

［6］吴麟.胡适言论自由思想研究［D］.武汉：华中科技大学，2008.

［7］邬建麟.严耕望史学研究［D］.上海：华东师范大学，2013.

［8］周毅.李则纲《史学通论》的史学思想研究［D］.武汉：华中科技大学，2007.

［9］任利伟.从《日知录》看顾炎武历史编纂思想［D］.长春：东北师范大学，2006.

［10］冯舒.戈公振新闻思想研究［D］.长春：吉林大学，2013.

四、内部资料

［1］北京广播学院新闻系编选，广播史教研室.中国广播史料选辑（第一辑），1979.

［2］北京广播学院新闻系编选，广播史教研室.中国广播史料选辑（第二辑），1980.

［3］北京广播学院新闻系，吉林省广播电视学校.《中国广播史料选辑》（第三辑）——纪念人民广播创建四十周年，1981.

［4］中国广播电视学会史学研究委员会，福建省广播电视学会，北京广播学院广播电视学会.第三次中国广播电视史志研讨会专辑，1994.

［5］广播电影电视部办公厅，中国广播电视学会史学研究委员会，安徽省广播电视学会，北京广播学院广播电视学会.第四次中国广播电视史志研讨会专辑，1997.

五、其他

［1］中国广播电视年鉴（1986—2010）.

［2］赵玉明广播电视史学论著年表.

［3］赵玉明部分手稿.

［4］中国广播电视协会广播电视史研究委员会.编修广播电视史志记录声屏变迁——中国广播电视协会广播电视史研究委员会成立20周年纪念册（1987—2007）.

附录一：赵玉明简介

赵玉明，中国传媒大学（原北京广播学院）教授、博士生导师。现任中国新闻史学会名誉会长，北京大学新闻学研究会导师。山西汾阳人，1936年出生，1955年考入北京大学中文系新闻专业，1958年转入中国人民大学新闻系，1959年毕业后到北京广播学院（今中国传媒大学）任教，曾任新闻系副主任、主任，副院长等职务。中共党员。1992年起领取国务院颁发的政府特殊津贴。

主要从事中国广播电视史、中国新闻史教学研究工作。代表著作有《中国广播电视通史》（主编兼主要撰稿人）、《中国现代广播简史》及《赵玉明文集》（三卷本），主编有《中国广播电视图史》、《中国现代广播史料选编》、《日本侵华广播史料选编》、《中国抗战广播史料选编》、《新修地方志早期广播史料汇编》（上、下两册）、《广播电视简明辞典》、《广播电视辞典》、《中国广播电视人物词典》、《中外广播电视百科全书》、《广播电视学学科体系建设研究》及《周恩来题词集解》（特邀主编）、《周恩来题词记事暨研究文集》等。主持完成多项国家社会科学基金，教育部、国家广播电视总局的科研项目。所著（含参与编著）的教材、专著、论文和主编的广播电视工具书曾在教育部（国家教委）、国家广播电视总局（广播电视部）和中国广播电视学会等主办的有关论著评选中多次获奖。

曾任国务院学位委员会第四届学科评议组新闻传播学学科（首届）评议组成员、国家社会科学基金项目新闻学学科规划评审组成员、教育部高校新闻学学科教学指导委员会副主任委员、中国新闻史学会会长、中国广播电视协会广播电视史研究委员会会长、中国广播电视学会副秘书长、中国广播电视学会学术委员会委员、原中国新闻教育学会副会长和《中国广播电视年鉴》主编、《中国新闻年鉴》《中国广播电视学刊》《现代传播》编委等。

2007年退休后获中国传媒大学首批"突出贡献教授"称号。2009年获中共中央宣传部、国家新闻出版总署《中国大百科全书》（第二版）编纂出版荣誉证书，同年获中国传媒大会"金长城传媒奖·共和国60周年60名传媒影响力人物"证书。2010年获教育部、国务院学位委员会"全国优秀博士论文指导教师"荣誉证书。2011年捐赠获奖所得在本校设立"赵玉明教授研究生助学金"。

自21世纪以来，先后获得4个国家一级学会和2个二级学会的表彰，其中有中国广播电视学会首届全国"十佳百优"广播电视理论工作者评选"十佳"之一（2001年）、中国老教授协会颁发的"老教授科教工作优秀奖"（2012年）、中国高等教育学会"从事高教工作逾30年高教研究有重要贡献学者"称号（2013年）、中国新闻史学会第二届"终身成就奖"（2016年）以及中国高等教育学会新闻学与传播学专业委员会（原中国新闻教育学会）"中国新闻教育贡献人物"称号（2008年）、中国出版协会年鉴工作委员会（原中国年鉴研究会）"杰出年鉴工作者"称号（2015年）。

附录二：赵玉明学术工作年表

1936 年　出生

9月22日，出生于山西省汾阳县（今汾阳市）康宁堡村。

1945年春，插班天津私立第一小学（1949年1月，天津解放后，改名为私立明谊小学，后又改名为仓敖街小学，现今不详）就读。同年考入私立通澜中学初中（后由政府接办，改为天津市第37中，现今不详）。1952年，考入天津市第三中学就读。

1955 年　十九岁

8月，考入北京大学中文系，入学后分配到新闻专业学习。1958年6月，因该新闻专业并入中国人民大学新闻系，随之转校。北大学习期间，参加该系校报研究活动，参与编写《怎样办校报》一书。

1959 年　二十三岁

8月，分配到新成立的广院新闻系任教，成为广院第一批本科生教师。

是年，参加广院新闻系编印的《中国新闻广播文集》上册的部分教印工作。

1960 年　二十四岁

6月，所编《中国人民广播事业大事记（草稿）》，以"北京广播学院新闻系"名义内部出版。

1961 年　二十五岁

6月，在《人民日报》社资料室查阅广播史料时，从1949年12月2日第一版所载预告消息中获知中央人民广播电台之名始于1949年12月5日，而非此前温济泽、康荫等所写文章中说的1949年10月1日。

9月，编印《中国人民广播史资料》上册，以"北京广播学院新闻系"名义内部出版。

1963 年　二十七岁

1月，是年第1期《广播业务》发表《毛主席的〈目前形势和我们的任务〉是怎样播送的？》，署名"于明"。

9月，是年第8—9期《广播业务》发表《延安〈解放日报〉上的广播史料》，署名"于明"。

10月，第10期湖北、武汉人民广播电台编印的《广播通讯员》发表《世界最早的无线电广播》，署名"于明"。

1964 年　二十八岁

9月，协助温济泽编选《广播稿选》第一集，以"北京广播学院新闻系"名义内部出版。

是年，就《文史资料选辑》第37辑（中华书局1963年9月出版）所载赵澍《CC的扩张活动》一文中涉及国民党广播史实辨正，撰写《关于CC办的广播电台》一文。

1965 年　二十九岁

8月，参与中央广播事业局为纪念中国人民广播事业创建20周年（当时按延安新华广播电台于1945年9月5日开播计算）纪念展览中广播史部分的筹备工作。这是其第一次参与筹办延安广播展览。

9月，中央广播事业局研究室编印的《广播电视资料》第18号发表《我国人民广播事业创建20周年简介（1945年9月—1965年9月）》和《我国对外广播正式开办15周年简介（1950年4月—1965年4月）》，均未署名。

是年，将《列宁全集》中文第一版中辑录的5篇及另一篇译自俄文版《列宁文集》的列宁有关无线电广播的书信提供给温济泽，编入其主编的《马克思恩格斯列宁斯大林论报刊　列宁论广播》一书。

1970 年　三十四岁

11月上旬，到中央广播事业局参与延安广播史展览筹备工作。这是其第二次参与筹备广播史展览。

1971 年　三十五岁

是年11月26日—1973年5月，到中央人民广播电台新闻部工作，主要参加早晨"报摘"或晚间"联播"节目及其他新闻节目的编稿工作。

1976 年　四十岁

是年，《湖北广播》增刊，刊登其为复旦大学新闻系编印的《新闻学小辞典》所撰写的广播史条目共12条。

1977 年　四十一岁

1月，以"北京广播学院新闻系"名义再次内部出版《马克思恩格斯

列宁斯大林论报刊　列宁论广播》一书，内收入其提供的列宁有关书信和电报增至16件。

4—6月，应山东省广播局地播处邀请为山东省县级广播站编采人员培训班讲课，编写《我国人民广播事业简史（初稿）》和《中国广播简史（初稿）》印发给听课人员。与此同时，对山东省县级广播站做调研。此后多年，赵玉明多次到全国多地培训班讲课并调研。

是年，再次协助温济泽编选《广播稿选》一书，在内部出版。

1978 年　四十二岁

1月，辑录的《毛主席论宣传（试编本）》内部出版，摘录了《毛泽东选集》第一卷至第五卷关于宣传工作的论述，附录中收入了毛泽东为报刊、通讯社和广播电台撰写的文章目录。

3月14日，参加刚成立的中国社会科学院新闻研究所召开的座谈会，温济泽主持，讨论今后8年新闻学发展规划。

3月，《湖北广播》第2期发表与曹焕荣合写《周总理亲切关怀我国人民广播电视事业》。

7月，应温济泽之召，参加中国社会科学院新闻研究所1978级研究生入学口试、阅卷及录取等工作。此后一年多，经常到该所听课，还曾协助温济泽指导该所新闻史研究生学习并研究毛泽东、周恩来撰写的新闻手稿。后曾为之开设广播史专题讲座。

12月，《新闻战线》第1期发表《延安新华广播电台与重庆〈新华日报〉》，署名"玉明"。

1979 年　四十三岁

7月7—16日，参加新华社历史调查组，前往延安、瓦窑堡等地调查延安（陕北）新华广播电台编播部门、技术部门旧址。

7月，《北京广播学院学报》第1期刊登与曹焕荣、哈艳秋合写的《周恩来同志与人民广播》。

8月，《新闻研究资料》第1辑刊登《外国人最早在我国办的广播电台》。

9月，作为学校第一批硕士生导师招收新闻学专业广播史方向研究生1名。

1980年　四十四岁

1月，《新闻研究资料》第2辑刊登与曹焕荣、哈艳秋合写的《延安（陕北）新华广播电台发展概略》。

8月，《新闻研究资料》第4辑刊登执笔撰写的《延安新华广播电台筹建和试播始末（调查报告）》。在此前后，与温济泽、杨兆麟一起商讨建议更改中国人民广播事业创建纪念日之事。

8月27日—9月25日，参与策划并组织延安（陕北）新华广播电台历史调查组，到延安、瓦窑堡、太行、平山等地考察延安（陕北）台机房和编播部门旧址。

12月5日，在杨兆麟起草的拟同意温济泽提出的更改人民广播诞生纪念日建议致中央广播局党组报告上签字，同时签字的还有金照、张纪明。中央广播事业局于23日发出《关于将人民广播诞生纪念日改为1940年12月30日的通知》（以下简称《通知》）。赵玉明为《通知》起草的附件（《关于人民广播创建情况的历史资料》）随《通知》下发。

12月，《中国人民广播回忆录》，以"北京广播学院新闻系"名义，作为《中国广播史料选辑》第二辑内部出版，书名由陆定一题写。

1981 年　四十五岁

5月8日，为中央广播事业局办公室起草的《关于征集人民广播回忆录的通知》，以"广办发〔81〕12号"文件发出。

7月，为纪念新华社成立50周年所写的《新华社在革命战争年代的语言广播》，刊于该社《新闻业务》第7期。

是年上半年，在中央电视台《广播节目报》第5，16，25期分别发表《延安新华广播电台开始广播的最早报道》（1月）、《延安新华广播电台第一次宣传"五一"节》（4月）、《解放战争时期的"七一"广播》（6月），分别署名"明""广""庆"。

是年，《北京广播学院学报》第1，3，4期连载《中国广播简史（初稿）》之解放区广播史部分。

1982 年　四十六岁

3月，《中国科技史料》第3期发表《早期的人民无线电事业》，署名"史光"，第4期发表《解放区广播事业发展概况（1940—1949）》。在此前后，《延边广播》第2期将《中国广播发展简史》译为朝文发表。

4月，主持编选的《中国广播史料选辑》第五辑内部出版。此前，将1977年参加广院新闻系编印的《广播稿选》列为第四辑。

6月，《新闻研究资料》第12辑刊登《我国广播事业之发轫》。天津《广播电视杂志》刊登《国际主义广播女战士——绿川英子》。

10月4日，郭镇之通过硕士学位论文答辩，她是广院也是赵玉明培养的第一个硕士。

9月，《文史资料选编》第14辑刊登《北京广播事业发展概述》，北京出版社出版。

11月17—19日，在京参加《中国新闻年鉴》工作会议，讨论征稿、编纂、出版事项，始任该刊广院新闻系资料中心负责人，1986年起任该刊编委至1989年。

是年，《北京广播学院学报》第1—4期连载《中国广播简史（初稿）》之旧中国广播史部分。

1983年　四十七岁

3月起，参加教育部组织的新闻教育调查组，为召开中华人民共和国成立以来首次新闻教育座谈会做准备工作。走访广播电视部人事部门、中央三台及有关新闻单位。

4月，参加《当代中国的广播电视》一书编写工作。

5月，主持征集、编选的《中国人民广播回忆录》由广播出版社出版，署名"北京广播学院新闻系选编"，由陆定一题写书名，吴冷西作序。该书续集、第三集、第四集分别于1986年11月、1990年8月、1995年10月，由中国广播电视出版社出版。

同月，《新闻研究资料》总第19辑刊登《陕北新华广播电台编播往来书信选注》。

7月，《中国广播简史》内部出版，系由《北京广播学院学报》1981—1982年各期连载的初稿加工而成。全国新闻高级职称评审委员会编印的《全国新闻系统测试复习提纲》将该初稿列为新闻部分参考书目之一。

1984年　四十八岁

8月，与梁家禄、钟紫和韩松编著的《中国新闻业史（古代至一九四九年）》由广西人民出版社出版。该书为改革开放以来公开出版较早的中国新闻史书。

11月，广播电视部地方广播局主办的《广播电视战线》从第2期起连载"延安（陕北）新华广播电台专题史话"系列文章，署名"史光"，共14篇，连载至1985年第12期。

是年，参与筹备组建中国新闻教育学会。

1985 年　四十九岁

2月，《新闻工作手册》由新华出版社出版，任该书编辑部责任编辑兼撰稿人，组织并撰写广播电视方面条目。

4月，《新闻研究资料》总第30辑刊登《接替陕北广播的一场战斗》。

7月3日，任《中国大百科全书》新闻学科编委会中国新闻事业分支学科编写组成员。

7月下旬，指导拍摄延安（陕北）新华广播电台部分旧址电视片。该片同年12月30日由中央电视台首播，名为《人民广播风云录》。

8月，主持选编的《解放区广播历史资料选编》由中国广播电视出版社出版。

10月，《延安（陕北）新华广播电台广播稿选》由中国广播电视出版社出版，署名"北京广播学院新闻系选编"，温济泽作序，并撰写"编后记"。

12月，任《中国广播电视年鉴》编委。

12月，《旧中国的上海广播事业》由档案出版社、中国广播电视出版社出版，参加编选、校审工作，并撰写"编者说明"。

1986 年　五十岁

1月，与杨兆麟合著《人民大众的号角——延安（陕北）广播史话》出版。

5月，主持编印的新闻系《新闻广播论集》第一辑出版。第二辑于1987年5月出版。第三辑于1989年1月出版。

6月12—13日，策划组织的解放区广播史讨论会在广院举行。会后成立解放区广播史研究组，任副组长。

7月，《中国现代广播简史》作为新闻系第一批新闻广播业务系列教材之一，在内部出版。

8月，《新闻研究资料》总第34辑刊登《周恩来与战争年代的广播事业》。

9月起，开始筹备组建中国广播学会广播电视史学研究委员会。

是年春，受广播电视部委托，代表学校负责筹备延安清凉山新闻出版革命纪念馆中的新华广播电台部分的陈列工作。此为其第三次参与筹备延安广播展览。

1987 年　五十一岁

3月，《当代中国的广播电视》（上、下册）由中国社会科学出版社出版，撰写该书上册第一篇第一章"旧中国的广播事业"及第二章"人民广播的诞生"。

5月，《中国广播电视年鉴》（1986年版）首卷由中国广播电视出版社出版，内收入《旧中国广播历史概况》。

6月，作为课题组成员参与申请的"中国新闻事业通史"课题及作为领导小组成员参与申请的"新闻事业与现代化建设"课题，均经批准列为全国哲学社会科学"七五"期间重点科研项目。按照分工，在前一课题中负责撰写《中国新闻事业通史》第二卷中民国时期的广播部分。该书于1996年5月由中国人民大学出版社出版。在后一课题中作为其子课题"关于高层次新闻业务人才培养途径多样化的研究报告"的副组长。

12月，《中国现代广播简史》由中国广播电视出版社出版。方汉奇作序，《中国广播电视学刊》1990年第4期刊登陆原《厚积薄发 存真求实——评赵玉明〈中国现代广播简史〉》。

1988 年　五十二岁

1月，任新闻系主任，不久开始主持筹建广告学专业。1989年开始招生。

7月，《中国广播电视年鉴》（1987年版）刊登《近几年来广播电视史志研究工作进展概况》。是年起负责选编该刊《广播电视人物志》专栏。

12月，组织新闻系及外系有关教师编著《实用广播电视新闻学》（上、下册），北京广播学院出版社1990年9月出版。

是年，《中国广播电视年鉴》（1988年版）刊登《中国解放区广播历史概况》。

1989 年 五十三岁

3月，任北京广播学院副院长，主要分管本科生及研究生教学、科研和图书馆工作等，后又分管《中国广播电视年鉴》工作、学校董事会工作。

8月，主编的我国第一部广播电视专业辞典——《广播电视简明辞典》由中国广播电视出版社出版。

1990 年　五十四岁

12月26日，在中国广播电视学会召开的以纪念中国人民广播事业创建50周年为主题的学术年会上以《中国人民广播事业创建纪念日的由来及其意义》为题发言。会后，《北京广播学院学报》1991年第1期刊登，《中国新闻年鉴》（1991年版）、《中国广播电视年鉴》（1991年版）转载。

12月，经手组织策划的"中央三台"奖学金实施，主持首届中央三台奖评审和表彰会，此后每年一次至1997年。

12月，主持申请的"中国广播电视通史"课题，经批准成为广院第一个国家级社会科学基金项目。

同月，《中国大百科全书·新闻出版卷》由中国大百科全书出版社出版，为其撰写部分条目。

1991 年　五十五岁

4月23—27日，参加国家教委高教司召开的高校文科专业目录研讨会。

4月30日—5月4日，参与主持召开第二次中国广播电视史志研讨会，就"七五"期间中国广播电视史志工作进展概况发言。

1992 年　五十六岁

1月22日，任《中外广播电视百科全书》主编。

5月11—14日，作为新闻学学科组成员，首次参加国家社会科学基金项目规划、评审会议。

5月，主编的《中国解放区广播史》出版。

6月10—13日，参加由广院承办的中国新闻史学会成立大会暨第一届学术研讨会。此前参与学会筹建工作，并任常务理事，本次常务理事会议补选为副会长，在研讨会上以《中国广播电视史志研究十年概述》为题发言。

10月起，国务院颁发证书表彰"为发展我国高等教育事业做出的突出贡献"，开始领取政府特殊津贴（92）3590048号。

12月，参与编著的《中国当代新闻事业史（1949—1988）》出版。1995年12月，该书获国家教委优秀教材一等奖。

同月，《新闻研究资料》第59辑刊登《中国广播电视史研究的回顾与展望》。

1993 年　五十七岁

5月，广播电视部发文组建《中国广播电视年鉴》第二届编委会，任编委会副主任兼主编。自该年起主持每年《中国广播电视年鉴》编审工作。

6月24日—7月6日，赴中国台湾，参加政治大学新闻系主办的1993年中文传播研究暨教学研讨会。此为大陆新闻教育界首次访台。提交论文《中国大陆广播电视教育的回顾与前瞻》，同年《北京广播学院学报》第6期刊登。

10月，第一本自选集《中国广播电视史文集》，由中国广播电视出版社出版。

是年，甘惜分主编的《新闻学大辞典》出版。分工负责广播电视部分的组稿及撰稿工作。

1994 年　五十八岁

是年初，撰写《社会主义市场经济体制的建立与广播电视高等教育的改革》一文。

10月，担任第一主编的《中外广播电视百科全书》出版。该书于1996年获广播电视部高校科研成果一等奖。

1995 年　五十九岁

9月14—20日，参加第二届华语电视周，参与主持华语电视国际展望学术研讨会，并以《华语电视发展的回顾、现状和展望》为题发言。

12月6日，在《中国广播电视年鉴》创办10周年座谈会上，以《向着全国一流年鉴目标迈进》为题发言。

1996年　六十岁

4月22—27日，在京参加全国哲学社会科学"九五"规划工作暨项目评审会议。会后，向广播电视部分管领导书面汇报并提出广播电视部设立高校科研立项和奖励的建议。此建议经批准后写入部属高校人文社科研究"九五"规划要点之中，并于当年开始实施。

5月，冯健总主编的《中国新闻实用大辞典》由新华出版社出版，作为编委分工新闻界人物部分中的广播电视人物的组稿和撰稿工作。

6月7日，致函国务院学位委员会办公室提出将新闻学学科列入一级学科的建议。

1997年　六十一岁

5月20日，国务院学位委员会颁发聘书，任第四届学科评议组新闻传播学评议组成员，学位聘字第4—1102号，任期至2003年6月。

6月，中国国际广播电台主办的《世界广播电视参考》第6期刊登《海外华侨华人电视的创建与发展》。

7月7—12日，参与主持中国广播学会史学研委会换届会议，被推选为会长。

9月起，参与主持学校申请新闻学博士学位授予权事。

9月，《中国广播电视学刊》第9期发表《邓小平同志与广播电视》，署名"《中国广播电视年鉴》编辑部"。

11月，《中国广播电视学刊》第11期发表《谁是最早评述广播节目的中国作家——致〈学刊〉编辑部的信》。

1998 年　六十二岁

3—5月，《中国广播电视学刊》第3—5期连载与哈艳秋、袁军合写的《周恩来同志与广播电视》。

5月20—22日，参加国务院学位委员会学科评议组第七次会议，首次组建的新闻传播学学科评议组讨论评审新增博士点事。

10月，《中国广播电视学刊》第10期发表《刘少奇同志与广播电视》。

1999 年　六十三岁

4月，《现代传播（北京广播学院学报）》第2期刊登与郭镇之合写《中国新闻学教育和研究80年（上）》，第3期续刊（下）。

5月，《华侨华人百科全书·新闻出版卷》由中国华侨出版社出版，任编委并撰写广播电视有关条目19则。

9月起，作为学校第一批博士生导师第一次招收的新闻学专业广播电视史方向的博士生艾红红入学。至2007年共招收博士生12名，至2012年均毕业并获博士学位。

10月，《现代传播（北京广播学院学报）》第5期发表《广播学院和广播电视史学建设》。

同月，任第一主编的《广播电视辞典》出版。1999年12月获国家广播电影电视总局高校科研成果一等奖。

是年，《新中国新闻教育50年》一文获中华全国新闻工作者协会主办"新中国新闻事业50年百篇优秀论文"奖。

2000 年　六十四岁

1月24日，《中华新闻报》刊登《20世纪中国新闻教育的回顾》。

1月，第二本自选集《中国广播电视史文集（续集）》出版。

1月起，参与筹建北京广播学院教育部普通高校人文社会科学重点研究基地。1月31日，北京广播学院基地——广播电视研究中心成立，任中心顾问。

7月，主编兼执笔《中国广播电视通史》上卷，由北京广播学院出版社出版。

12月，与杨兆麟合著的《人民大众的号角——延安（陕北）广播史话》（增订本）、主持编选的《延安（陕北）新华广播电台回忆录新编》出版。

12月，《现代传播（北京广播学院学报）》第6期刊登与艾红红合写的《准确、完整地理解和传播邓小平新闻宣传思想——兼与〈邓小平论新闻宣传〉编者商榷》。

12月，主编的《中国广播电视人物词典》出版。

2001 年　六十五岁

5月，《中国广播电视学刊》第5期刊登《中国现代广播史研究中的若干问题——兼答陈尔泰同志》。

6月21日，北京广播学院广播电视研究中心学术委员会成立，任学术委员会主任（至2006年）。

7月6日，在中国广播电视学会首届全国"十佳百优"广播理论工作者评选中，获"十佳"广播电视理论工作者称号。

2002 年　六十六岁

1月，任主编之一的《周新武纪念文集》出版，内收入《回忆老院长二三事》一文。

3月，《中国广播电视学刊》第3期刊登《海外华语广播电视的现状与未来》。

7月，《中国广播电视学刊》第7期刊登《改革开放以来广播电视编史修志的新进展》。

10月，《永远的怀念——温济泽纪念文集》出版，任编委之一，内收入《温济泽同志和广播电视史学研究工作》一文，《现代传播（北京广播学院学报）》2003年第2期转载。

同月，受聘担任《中国大百科全书》（第二版）新闻学科特约编审，负责广播电视方面条目的组稿和撰写工作。

2003年 六十七岁

6月，参与撰写的《中华人民共和国广播电视简史》出版。

7月8日，致函国务院学位委员会办公室，建议在新闻传播学一级学科内增列广告学、广播电视学为二级学科。

12月，《中国广播电视学刊》第12期刊登《毛泽东同志与广播电视》（摘登），《新闻春秋》专刊"纪念毛泽东同志诞辰110周年专辑"全文刊登。

2004年 六十八岁

1月，主编兼主要执笔者所著《中国广播电视通史》（上、下卷）出版。

4月，任中国新闻史学会会长。

4月，《中国广播》第4期刊登《商榷与补充——罗弘道〈讨论广播电视产业属性的历史回顾及点评〉读后》。

9月，《新闻传播学前沿（2004）》收入《试论中国广播电视发展的历史分期及其特点》。

同月,《电视研究》刊登《乱用繁体字亟待清除》,署名"史光"。

2005 年 六十九岁

8月,《中国广播电视学刊》第8期刊登与庞亮合写的《弘扬抗战广播的民族精神——纪念中国人民抗日战争胜利60周年》。

9月22—26日,参与主持第四届世界华文传媒与华夏文明传播国际学术研讨会,并以《十年来大陆广播电视教育的新发展》为题做主题发言。该文收入研讨会论文集《全球化华文媒体的发展和机遇》,即《新闻春秋》论文集第六辑,复旦大学出版社2007年5月出版,《现代传播(中国传媒大学学报)》2006年第1期刊登。

9月,主编《风范长存——左荧纪念文集》出版。

11月,《新闻与写作》第11期《学术观点》专栏刊登《新中国广播电视事业的特点》。

2006 年 七十岁

4月,《新闻传播学前沿(2005)》一书收入《谈谈广播电视学学科建设》一文。

9月1日,参加邯郸人民广播事业60周年纪念活动。此前,应邀为该台选编《邯郸新华广播电台暨陕北新华广播电台在太行时期历史资料选编》,并为该书作序《我与邯郸新华广播电台的情缘》。

9月,《广播电视党建》第9期刊登《毛泽东身边的视听工具(上)》,(下)刊登于该刊第10期。

12月16日,作为课题负责人主持召开广播电视学学科体系建设学术研讨会。该课题为中国传媒大学广播电视研究中心2005年度教育部人文社会科学重点基地重大项目。会后，主持编印三期《媒介研究》，汇编中期成果及有关资料，第一辑《广播电视学学科体系建设研究》（2007年6月），第二辑《百家纵论广播电视学》（2008年3月），第三辑《广播电视学科建设大家谈》（2009年6月）。

2007 年　七十一岁

8月，《现代传播（中国传媒大学学报）》第4期刊登《谈谈广播电视研究和广播电视学学科建设》。

10月，主编的《中国广播电视通史》获中国人民大学第五届吴玉章人文社科奖一等奖。

同月，第四本自选集《声屏史苑探索录（二）——回忆与访谈》出版。

12月10日，参加《中国广播电视学刊》创刊20周年出版200期纪念座谈会。从创刊起即为该刊编委至今共20年，是年换届后不再担任编委。

12月14—16日，参与主持在北京体育大学召开的奥运传播暨体育新闻传播史研讨会。在大会上致辞并主持闭幕式。

是年，《中国广播电视年鉴》（2007年版）刊登与庞亮编写的《全国高校社科研究机构新闻传播学研究基地和博士点、硕士点统计资料》。

2008 年　七十二岁

3月5日，与贾临清合写的《周恩来对我国广播电视事业发展的贡献》，发表于是年第3期《中国广播电视学刊》。

3月24—25日，参加教育部召开的马克思主义理论研究和建设工程《新闻学概论》教材审稿工作会议。

4月15日，出席北京大学新闻学研究会恢复成立大会，并被聘为该会10位导师之一。

4月18—23日，参与主持中国红色新闻事业的理论与实践（1921—

1949）高层论坛，在开幕式上致辞并做专题发言。会后，赴瑞金中华苏维埃共和国旧址考察，参观红色中华通讯社旧址纪念馆和红色中华新闻台旧址及陈列馆。与红色中华新闻台考证和陈列设计者严帆就红色中华新闻台有关问题展开讨论和商榷。

5月22日，主持"广播电视人物系列丛书"出版座谈会，任丛书编委会主任，已由中国广播电视出版社出版《记者的战斗生涯——杨兆麟的不平凡经历》和《大海的一朵浪花——孟启予的广播电视生涯》。

9月，《国际新闻界》第9期刊登与庞亮合写的《三十年间两大跨越——改革开放以来从传统新闻教育到新闻传播学教育的发展》。

9月，主编的《中国广播电视图史》由南方日报出版社出版，并撰写后记。

10月25日，参与主持北京大学新闻学研究会成立90周年暨中国新闻教育、新闻学研究90周年学术研讨会，并以《从新闻学到新闻传播学的跨越》为题做主题发言，收入《北大新闻与传播评论第四辑》（北京大学出版社2009年6月出版），同年，《现代传播（中国传媒大学学报）》第5—6期刊登。

11月，中国高等教育学会新闻学与传播学专业委员会授予"中国新闻教育贡献人物"称号，并颁发纪念奖牌。

是年，与庞亮合写《中国广播电视史学研究的历史和现状》，载入《编修广播电视史志　记录声屏变迁——中国广播电视协会广播电视史研委会成立20周年纪念册（1987—2007）》。

2009年　七十三岁

1月，与艾红红合著《中国广播电视史教程》，作为中国传媒大学广播电视新闻系列教材之一，由中国广播影视出版社出版。

2010年　七十四岁

2月，《现代传播（中国传媒大学学报）》第2期刊登《再谈中国现代广播史研究中的若干问题（上）——与陈尔泰同志商榷》，第3期发表该文（下）。

4月，《中国广播电视学刊》第4期刊登《"文革"前的〈广播业务〉究竟出了多少期？》。

10月18日，教育部、国务院学位委员会颁发"全国优秀博士学位论文指导教师荣誉证书"（编号2010018）。此前，所指导的薛文婷的博士学位论文《中国近代体育新闻传播历史研究（1840—1949）》被评为2010年全国优秀博士学位论文。

11月，《中国广播》第11期刊登《参与筹办广播史展览　传承延安广播优良传统》。

是年，《中国期刊年鉴（2010年卷）》刊登与范晓晶合写的《民国时期广播期刊综述》。

2011年　七十五岁

1月16日，出席教育部新闻传播学学科"十二五"战略规划工作会议，就新闻传播学学科定位等问题发言，并受聘担任战略规划制定组成员。

1月26日，出席新华社新闻研究所和中国新闻史学会主办的《新华通讯社史》第一卷出版座谈会，并以《一部社史　半部党史——〈新华通讯社史〉第一卷读后》为题发言。该文先后刊于新华社内刊《广播业务》第4期、《新闻战线》第6期，后收入《光荣与梦想——"新华社80年历程回顾与思考"学术研讨会文集》，新华出版社2011年12月出版。

7月，作为课题组负责人主持的中国传媒大学广播电视研究中心2005

年度教育部人文社会科学重点基地重大项目"广播电视学学科体系建设"完成申报结项事宜。

11月11日,《人民日报》(海外版)摘登《亦师亦友三十年——怀念丁淦林教授》,《中国新闻史学会通讯》第3期和《新闻大学》是年冬季号全文刊登。

11月30日,出席广院研究生院主持的"赵玉明教授研究生(新闻传播学)奖助学金"协议签署仪式并接受学校授予的纪念牌。该项奖助学金总额30万元,从2011年起分10年颁发,每年奖助10名研究生。

同月,《现代传播(中国传媒大学学报)》第11期刊登《广播电视统计数据质疑两例》。

2012 年　七十六岁

8月28日,出席中国广播电视协会主办的中国第一座广播无线电台论证会,就"哈尔滨广播无线电台1923年1月1日开播"论证发言,认为一无直接人证,二无直接书报证据,三无直接档案证据,碍难同意。

12月21日,出席中国广播电视协会学术委员会第三届委员会最后一次会议,听取了学术委员会主任刘习良的工作报告。并就此届委员会提出的2013—2017年学术理论研究规划要点思路(讨论稿)发言,建议加强广播电视史学研究,并将相关课题列入规划之中,同时还就当前广播史学研究中争议的问题发表了意见。

是年,新华社新闻研究所内刊《新闻业务》第5期《新闻史专辑》刊登了《江西苏区口语广播探究》及《延安新华广播电台首播时间与XNCR含义的探讨》两文。

是年,将在广院从教50多年来搜集、购置的有关新闻传播和广播电视史志书刊资料8000多册(件),全部无偿捐赠给广院图书馆。校图书馆在新馆116房间设广播电视史志资料专题阅览室收藏，其中包括民国时期广播档案、书刊、史料，"老广播"梅益、温济泽和周新武等的手稿，全部《中国广播电视年鉴》（1986年以来）、《中国年鉴》（1983年以来）、《新华文摘》（1979年以来）、《世界华文传媒年鉴》（2003年以来）及传播史、广播电视史方面的书刊等。

是年，作为特邀主编，编著的《周恩来题词集解》出版。

2013 年　七十七岁

是年，《现代传播（中国传媒大学学报）》刊发与庞亮合写的《江西苏区口语广播探究》一文，对江西苏区是否存在口语广播进行了全面的分析。

2014 年　七十八岁

1月21日，参与编写的三卷本《中国新闻事业通史》英文版出版发行。

同月，任副主编的《梅益百年纪念文集》出版，内收入其写的《梅益同志和广播学院的情缘》、访谈《让全世界都听到中国人民的声音——赵玉明教授谈梅益同志对共和国广电事业的贡献》和梅益与陕北台播音组往来书信选等。

同月，《中国广播》第3期刊登访谈《为办好广播不懈探索　为培育英才尽心竭力——赵玉明教授谈温济泽同志对人民广播和新闻教育事业的贡献》，后收入《温济泽百年诞辰纪念文集》，中国社会科学出版社2014年4月出版。

同月，《现代传播（中国传媒大学学报）》刊登其《〈关于中国早期"哈尔滨广播无线电台"开播时间的个人意见〉的补正》一文，与有关同志商榷。

9月，主编的《中国广播电视通史》新一版由中国广播影视出版社出版。

9月，参加"广播电视史学：机遇与挑战"学术研讨会，并做《新中国广播电视史学研究的回顾、反思与建议》的主题发言。

是年，中国传媒大学新闻传播学部新闻学院编《新闻传播学前沿（2013—2014）》一书收入其2012年8月在中国第一座广播无线电台论证会上的发言。

2015年　七十九岁

2月，完成《日本侵华广播史料选编》书稿，交由中国广播影视出版社发排，于8月出版。

2016年　八十岁

4月底，阅《中国新闻传播学年鉴（2015）》，在第十二编"学人自述"首卷中刊登了应邀撰写的赵玉明简介及治学自述。在第六编"论著撷英"的《中国新闻传播学论著出版2014年综述》一文中对《赵玉明文集》做了评述。

6月25日，中国史学会学术年会暨第二届新闻传播学学会上被授予"终身成就奖"。

7月，中国传媒大学新闻传播学部新闻学院编《新闻传播学前沿（2016）》出版，内收入《哈尔滨广播无线电台开播事再谈》。

12月17日，出席方汉奇新闻史学思想研讨会暨从教65周年纪念大会，在会上回忆了一个甲子的师生情缘，并就方老师在新闻史学和新闻传播学学科建设上的贡献做了发言。

是年，日本学者村井宽志在贵志俊彦等所著《战争·广播·记忆》一书中将赵玉明主编的《中国广播电视通史》一书作为广播专著之一专节予以评述。另一日本学者白户健一郎在其著作《满洲电信电话株式会社》书中多次引用《通史》中有关史料。另，美国哈佛大学图书馆收藏书目中有赵玉明所著《中国现代广播简史》（1987年第一版）一书。

2017 年　八十一岁

是年，与艾红红教授主编的《中国抗战广播史料选编》出版。

2019 年　八十三岁

4月，《三谈哈尔滨广播无线电台开播事》被《新闻传播学前沿（2017—2018）》收录。

2020 年　八十四岁

2月，《我与广院60年》被《新闻传播学前沿（2019）》收录。

8月，赵玉明去世。

10月，《赵玉明近作文集》（第一版）由中国广播影视出版社出版，收录了赵玉明2014年到2019年的主要作品，并在附录中对《赵玉明文集》进行了补遗（2007—2011年），收录《赵玉明文集》等相关文集目录和其他研究者关于赵玉明的学术道路或学术思想的研究要目。

次年，与何婧合写的《列宁无线电广播思想研究》被《新闻传播学前沿（2020）》收录。

后　记

伴随着2018年的第一场雪，我完成了博士论文《赵玉明广播电视史学思想研究》。只是没有想到，在本书酝酿出版的时候，一向身体比较健康，精神也很好的赵玉明老师已经永远地离开了我们。

还记得，当初我向我的博士生导师哈艳秋老师提出，在考虑做赵玉明广播电视史学思想的研究时，说实话，我是没有多少底气的。我虽然硕士和博士均在北京广播学院（中国传媒大学）就读，但没有上过赵老师的课，也没有其他机会和赵老师交流，只是从研究的意义和价值方面考虑，这个选题还是比较值得研究的。没有想到哈老师对我的这个选题非常肯定，并在适当场合与赵老师沟通了我的想法，获得赵老师的同意。后来，我也曾向赵老师坦承，我期待通过对赵老师的采访，跟赵老师学习做研究的方法。而事实上也确实如此，在写作的过程中，我深切地感受并理解了史学研究者必备的学术品格。

写作的过程还是非常辛苦的，虽然现在回想不起来具体的苦痛，但那时女儿还不到两岁，所有的写作时间基本上是在晚上，等孩子睡了，再准备好第二天的授课任务，然后开始写作论文。有时考虑到第二大还要上课，也不敢熬夜太晚。在2017年的时候，我的精力还是比较充沛的，状态也比较好，但是到2018年寒假之后，就已经非常疲惫了。

　　我的博士论文写作在计划的时间内得以完成，主要得益于赵老师的启迪和帮助。对赵老师的面对面的采访前后有十多次。第一次采访前，我在中国传媒大学图书馆查阅了赵老师的相关著作，并参考了李晓光关于赵老师学术道路的硕士论文，列出了比较长的采访提纲。当第一次面对面采访时，赵老师将我的采访提纲放到一边，提议就他学术研究的几个阶段分专题进行。顿时，我感觉自己的研究思路打开了。

　　因为赵老师对广播历史的研究是从解放区的广播开始的，所以我对赵老师的采访就从"为什么""是什么""怎么样"三个方面展开，即为什么赵老师的研究起始于解放区的广播？对解放区的研究成果包括哪些方面？是如何做好研究取得这些成果的？之后的采访也基本沿着这样的思路进行。每次采访之后，我对采访内容进行整理，形成一篇小论文，并将电子版通过微信发给赵老师。他会打印出来，认真批阅，并在下一次采访时返给我，并告诉我问题出在哪里。在一次一次地采访、一遍一遍地指导当中，我深刻感受到赵老师严谨求实的史学态度和坚毅朴实的学术品格，感受到史实的意义、考订的价值以及坚持的重要性。

　　在采访中，赵老师思考问题的思路极其清晰，每次采访内容都非常丰富，收获满满，既为我后期的写作提供了思路，同时也提供了许多鲜活的资料。当然，采访的过程也不像说起来那么顺利，赵老师口述历史，之后要求我查阅资料并逐一对照，完善具体史实要素，规范学术语言，有时一个专题的采访也要反复修改三四次，直至最后定稿。

　　这也是我在本书的出版时，没有在博士论文的基础上多加增删的原因。本书中的史实都是经过赵玉明老师多次审校的。在采访的过程中，赵老师就曾反复强调，他作为研究对象，只提供史实，只对史实负责，对于其广播电视史学思想的提炼和评价，是作者应该做的事情。所以，在对其评价方面，赵老师保持了极大的宽容，不加干涉。只是在看到一些过于感性而不够中肯的评价时，会指出我话说得太满，并要求我予以改正。也正因此，虽然赵老师在广播电视教育和广播电视学科建设方面也取得了很大成就，但本书仍保持了初稿的原貌，没有将这部分内容增补进去，以保证史实的准确和评价的客观。这部分内容，拟将在本书再版时予以补充和完善。

对于赵玉明老师的史学思想的形成理路方面，我根据时间线，先梳理了教育因素中潜移默化的家庭教育。赵老师对此不太认同，认为他对历史的兴趣并非受家庭的影响，或者说家庭的影响微乎其微。而我认为他坚毅而朴实的学术品格正是得益于家庭的涵养，父母的言传身教是教育中非常重要的方面。最后，赵老师勉强接受了我的观点，尊重了我的想法，但还是要求我不要过多地去阐述，他觉得更多的对于历史的兴趣是他自己有意或无意当中形成的，和家庭的影响不是特别密切。因此，我用了一节的篇幅对此进行描述。在这一部分，我是想要探寻究竟哪些人、哪些事、哪些书影响了赵玉明老师后来的研究方向、研究方法和研究成果。

在第五章"赵玉明广播电视史学思想的传承与突破"的"赵玉明与他的学生"一节中，我选取了他的两位学生：郭镇之老师和哈艳秋老师。主要原因是郭镇之老师是赵老师的第一个硕士生，本科时也上过他的课，并且在他的课堂上表现突出，令赵老师印象深刻，后来也一直在高校从事广播电视专业教学和研究工作。哈艳秋老师是赵老师较早的研究生之一，毕业之后一直在北京广播学院（中国传媒大学）从事新闻史、广播电视史的教育和研究工作，一直追随赵玉明老师从事教学和科研工作，受赵玉明老师影响颇深。对于这一部分，赵老师曾给我提供了他可供采访的学生名单，其中很多人都在某方面传承了他的思想，并做出了一定成就。但是因为时间限制，我考虑到资料的获取和可操作性，就选取了以上两位老师。哈老师是我的导师，也做过相关研究。郭镇之老师的相关资料也非常容易收集，而且同在北京，想要采访也非常方便。特别遗憾的是，为了赶时间，最后没有再补充采访郭老师。为了保持初稿本色，这个遗憾也只有再版时予以弥补了。

最后，特别感谢赵玉明老师的包容。最开始确定对于赵老师史学思想的研究这个选题时，我是十分忐忑的，怕自己写不好，把握不住赵老师广播电视史学思想的精髓。赵老师给予了我非常大的支持，允许我的研究存在不完美。赵老师还给予了我极大的耐心和热情。以他洞察历史的眼光，想必早就看透了我的愚钝，却仍然以他宝贵的时间等待我醍醐灌顶的一刻。感谢赵老师的指导，在访谈中我有很多感悟和收获，不仅是对于论文的撰写，对我之后的教学和研究都将影响深远。赵老师也曾鼓励我尽早出版此书，虽然特别遗憾没有在赵老师有生之年出版本书，不能再得到他老人家的批评指正，但能够在赵老师逝世一年后予以出版，也是我能做到的对赵老师最好的纪念了。

特别感谢我的导师哈艳秋教授对我的这项研究的鼓励和指导。感谢哈老师在我的研究过程中，帮我拟定选题、厘清思路、指明方向，还督促我进步和成长，又给我时间、给我空间，让我思考、让我沉淀。感谢哈老师对我的理解、信任、鼓励、指导和帮助！您的学术品格和风范是我一生的财富！今生有幸成为您的学生！

特别感谢郭镇之老师，在本书出版之前，我鼓足勇气和她联系，请她帮忙审阅相关章节。之前关于郭老师部分的相关资料虽然经过赵老师把关，但没有经过她本人的确认，是极不合适，也是特别不礼貌的。令我没有想到的是，郭老师对此并没有说什么，并很快给了我回复，对其中不是特别准确的地方提出商榷。这让我更加愧疚，也暗下决心，以后在做学问时，一定要更加勤奋、更加严谨。

感谢中国传媒大学郎劲松、王灿发、艾红红、庞亮、唐远清教授提出的宝贵意见，使我能够及时修正部分细节；感谢中央民族大学白润生教授、北京大学程曼丽教授和中国人民大学王润泽教授提出的宝贵建议；感谢梁颐博士对本书的启发。

本书的出版，得到了中国国际广播出版社的大力支持，特别感谢祝晔、尹春雪两位老师为本书的策划和编辑所付出的努力！

在本书的写作过程中，本人参阅了大量专著、论文等资料，在此谨向这些专著、论文的作者致以衷心的感谢！由于本人水平有限，书中难免存有不足之处，敬请广大读者批评指正。

燕频

2021年10月于北京家中